李学勤

罗哲文　俞伟超　曾宪通　彭卿云

乱世天下

李　默／主编

中华文明是人类历史上最伟大的文明之一，是人类文明发展的主要构成。中华文明丰富、深刻、辉煌、博大，在人类文明中的骨干作用和领导作用为人所共知。在人类文明的发源时期，中华文明就是四大古文明之一，是地球上文化的策源地之一。

广东旅游出版社
GUANGDONG TRAVEL & TOURISM PRESS
悦读书·悦旅行·悦享人生

中国·广州

图书在版编目（CIP）数据

乱世天下 / 李默主编 . — 广州：广东旅游出版社，
2013.1（2024.8 重印）
ISBN 978-7-80766-454-3

Ⅰ . ①乱… Ⅱ . ①李… Ⅲ . ①中国历史—五代十国时
期—通俗读物 Ⅳ . ① K243.09

中国版本图书馆 CIP 数据核字 (2012) 第 296809 号

出 版 人：刘志松
总 策 划：李 默
责任编辑：张晶晶 黎 娜
装帧设计：盛世书香工作室 腾飞文化
责任校对：李瑞苑
责任技编：冼志良

乱世天下
LUAN SHI TIAN XIA

广东旅游出版社出版发行
（广东省广州市荔湾区沙面北街 71 号首、二层）
邮编：510130
电话：020-87347732（总编室）020-87348887（销售热线）
投稿邮箱：2026542779@qq.com
印刷：三河市嵩川印刷有限公司
　　　（河北省廊坊市三河市杨庄镇肖庄子村）
开本：650×920mm 16 开
字数：105 千字
印张：10
版次：2013 年 1 月第 1 版
印次：2024 年 8 月第 3 次印刷
定价：45.80 元

出版者识

　　《话说中华文明》是一部全景式图文并茂记录中国文明历史的大书。出版者穷数年之力，会集各方力量——专家、学者、编辑、学术顾问们，在浩如烟海的历史档案、资料、著作中，探珍问宝，追寻中华文明在悠悠历史长河中的灿烂之光。此书的出版，凝聚了编撰者的心血，学术顾问们的智慧。尤其是李学勤先生，亲自动笔写下了序言，更增加了本书沉甸甸的分量。

　　中华文明的历史充满了辉煌与苦难，成就和挫折。它的历史无处不在，决定着我们中国人今天的思想和感情。当今的中国和中国人是中华文明的历史造就的，是中华文明的历史的延伸，也是它的一个组成部分，中华文明的历史之河奔流到现在。

　　中华文明是人类历史上最伟大的文明之一，是人类文明发展的主要构成。中华文明丰富、深刻、辉煌、博大，在人类文明中的骨干作用和领导作用人所共知。在人类文明的发源时期，中国就是四大古国之一，是地球上文化的策源地之一。在人类文明的早期，中华文明成为文明在东方的支柱，公元前后200年间，人类的汉帝国与罗马帝国这两只铁手攫住了地球。在欧洲进入中世纪的时候，中华文明更成为人类文明最主要的领导，它的文明统治东亚，传遍世界。进入近代，中华文明处于自身的重压和西方的欺凌下，但中国人民的斗争史和奋起精神是人类文明历史中不可缺少的一页。

　　五千年的中华文明为人类贡献出了从思想家孔子到科学技术的四大发明、从唐诗宋词到长城运河的伟大创造，贡献出了从诸子百家到宋明理学，从商周铜器到明清文学的深刻内涵，也贡献出了从五霸七强到三国纷争、从文景之治到十大武功的辉煌历史。中华文明的历史绚烂多彩，在人类文明的历史长河中永放光芒。

　　中华文明也是人类历史上最独特的文明，没有哪一个文明像中华文明这样持久，这样统一一致。世界上其他文明不但互相交错，其创造者也都与高加索体质的人种有关，它们是姐妹文明。在人类历史中，只有中华文明才是独特的，它的创造者是中国土地上的中国人民，与其他任何地方的人民都没有关系，它的文化是统一一致的文化，可以不依赖于其他任何文明而生存，但中华文明也绝不是封闭的，它接受他人的文化，也承担自己对于人类的责任。

　　人类进入新世纪，中国的社会经济发展令世人瞩目。人们对于世界未来的政治和经济结构的估计无不以东亚和太平洋为中心，而尤以中国为重点。

　　经济起飞只是当代中国的一个方面，中国的精神文明的建设尤为刻不容缓。如果中国要自觉地发展中华文明，要有意识地使中国的发展具有世界意义，就必须发展强有力的精神文化，这样才能使中华文明的发展进入一个新的阶段，才能形成中国和中华文明的全面现代化。

而中国的精神文化的发展植根于中华文明的伟大传统之中。进入近代之后，在西方文化的冲击下，对于中国文化的价值产生大量的情绪化和激烈冲突的论调。"五四"运动打倒孔家店的口号具有冲破封建束缚的时代意义，对中国文化的发展有不容否认的正面意义，与文化虚无主义是完全不同的。文化虚无主义者否定中国传统文化，在现代化的旗帜下主张全盘西化；而复古主义则沉迷于中国文化的古董，走进反进步、反科学的泥潭。

历史的发展则超越了所有这些论点，产生这些论调的一百多年来的中国近代史已经结束。历史要求中国发展，要求中国走在全世界发展的前列。西化论和复古论都已过时，历史已经要求世界超越西方，中国可以承担起世界的命运，而中国的现实和世界的历史都说明，中国的使命在于它的发展前进，而非倒退。

中华文明走出迷惘的时代，我们这一代处在一个伟大而具有挑战的历史阶段。

总结历史、展望未来，这就是《话说中华文明》的意义和使命。我们创作《话说中华文明》，力求总结和回顾中华文明的全貌，在内容和形式上都开创一个新的局面。在内容结构上，既具有一定的深度，又具有相当的广博性，既有严谨、准确的学术价值，又有活泼、流畅的可读性。我们在本丛书内容纳了中华文明的各个方面，使它综合了大规模学术著作的系统性、严密性和普及读物的全面性、简易性，它既可作为大型工具书检索中华文明的各个成分，又可作为通俗的读物进行浏览。

我们从上世纪90年代初起就开始思考中华文明的历史和现实问题，并逐渐形成了编著《话说中华文明》的设想。在开展这项庞大的文化工程之始，我们就聘请了国内权威学者李学勤、罗哲文、俞伟超、曾宪通、彭卿云诸先生担任学术顾问，他们对计划作了充分讨论，并审阅了大量初稿。我们聘请了广州、香港地区的社会科学学者、大学教师、研究生以及我社编辑人员几十人担任稿件的撰写工作。

通过创作这部书，我们深深地感受到了中华文明的博大精深，也感受到了它的内在缺陷。中华文明具有辉煌的时期，也有苦难的年代，有它灿烂的成就，也有其不足的方面。中华文明在自身中能够吸取充分的经验和教训，就能够使自身健康壮大，成长发展。

通过创作这部书，我们也深深感受到了出版事业的使命和重任。我们希望这部书能受到广大读者的喜爱，起到它所应当起的作用。为中华文明的反省、前进和奋起作一点贡献。

目 录

五代十国

宋辽金夏

乱世天下

五代十国

五代十国

907A.D. 唐天祐四年 梁太祖朱晃开平元年

四月，唐哀帝禅位于朱全忠，全忠即位，国号梁，更名晃，是为梁太祖；改汴州曰开封府，为东都，以故东都洛阳为西都；废故西京。契丹主耶律阿保机侵云州，李克用与之和，约共击梁，阿保机归而背盟。

九月，王建称皇帝，国号蜀。

908A.D. 梁开平二年 蜀太祖王建武成元年

二月，李克用死，子存勖嗣为河东节度使、晋王；克用弟克宁谋为乱，被杀。

淮南将徐温等杀节度使杨渥，奉其弟隆演为主。

蜀帝遣兵会李茂贞结李存勖攻梁，茂贞大败，兵皆退。

909A.D. 梁开平三年 蜀武成二年

正月，梁迁都洛阳，于东都置留守。钱镠大破杨隆演兵，苏州围解。文字家罗隐死。

910A.D. 梁开平四年 蜀武成三年

二月，岐王李茂贞封杨隆演嗣吴王。

五月，天雄节度使罗绍威死，以其子周翰为留后。

七月，岐王牵茂贞结晋王李存勖攻夏州，李仁福告急于梁，遣兵救之，岐、晋兵皆退。

八月，吴越王钱镠筑捍海塘，由是钱唐富庶。十一月，梁发兵围王熔，据深卜冀。熔请援于晋王李存勖，存勖援之，熔因与梁绝，复称唐天祐年号，改武顺为成德军。十二月，梁再发兵攻王熔。梁颁行新修律令格式。

907A.D.

西班牙阿斯都里亚王阿尔封索三世（大王）将其国分畀三子。

908A.D.

阿拉伯哈里发穆克里发死，弟穆克达底尔即位（908~932）。穆克达底尔在位时，法帖玛系征服突尼斯，东各部地纷纷独立，帝国濒于瓦解。

909A.D.

阿拉伯有阿布杜拉者自称为阿里及先知之子法帖玛之后裔。以柏柏人之助，在非洲北部建哈里发，是为法帖玛朝之始祖（旗帜尚绿，即绿衣大食）。

朱全忠建梁·五代开始

开平元年（907）四月，梁王朱全忠即帝位，国号大梁，建元开平，即为梁太祖。中国重新分裂，五代十国混战开始。

朱温，即朱全忠，原为黄巢部将，中和二年，与唐王重荣战于夏阳，由于援军缺乏，朱温知起义军大势已去，于是举兵投王重荣。唐朝廷授朱温同华节度使、右军吾大将军、河中行营招讨副使，赐名全忠。朱全忠兵势强盛，企图篡唐以代，后诏授朱全忠为梁王。朱全忠先后兼并淮北、汉水中下游，东迄山东、四接关中，

朱温像

北与燕南、晋南相接，古称中原之地都被朱所占据。朱全忠先后杀昭宗、立幼主、屠诸王、灭朝士，拥兵自重，境外诸藩如李克用、李茂贞、王建、杨渥、钱镠、刘仁恭等不能与之抗衡。当时唐哀帝困居洛阳，正在朱全忠势之掌握之中。

唐天祐四午（907）正月，哀帝遣御史大夫薛贻矩至大梁慰问。薛返回洛阳告知朱全忠有意受禅。哀帝被逼下诏，定于二月禅位。二月，李柷（哀帝）令文武百官前往朱全忠帅府劝进，湖南、岭南藩镇也上笺劝进。三月十三日，再令薛贻矩赴大梁传禅位之意。二十七日，哀帝正式降御札禅位于梁。命正副册札使张文蔚、苏循，正副押传国宝使杨涉、张策，押金宝使薛贻矩、赵光逢，帅百官备法驾诸大兴。唐天祐四年（907）四月十六日，梁王朱全忠更名朱晃，十八日，梁王服衮冕，即皇帝位，即历史上后梁太祖。二十二日大赦，改元"开平"，国号"大梁"，以汴州为开封府，称东都。以唐东都洛阳为西都，

废唐西京长安，改称大安府，置佑国军。以哀帝为济阴王，迁之于曹州，派兵防守，第二年将哀帝杀死。撤废枢密院，设崇政院，任命首辅敬翔为使。自此，自武德以来经21帝，289年的李唐王朝为梁王朱晃所灭，中国重新分裂。

同时河东、凤翔、淮南、川蜀仍奉唐正朔，抗拒（后）梁。河东沙陀李克用与朱温（后梁太祖）势不两立；川蜀王建与凤翔李茂贞相约联晋王李克用兵攻梁王。九月，王建在蜀称帝；淮南杨渥则拥兵坐观时局变化。而南方政权诸镇先后向后梁称臣接受册封，契丹也遣使与梁通如，唐灭后割据政权相继形成并展开混战。

王建称帝·建国大蜀

前蜀天复七年（907）九月，王建闻知朱温废唐哀帝，建立大梁，即帝位后，拒绝向梁太祖称臣，在成都称帝，国号大蜀（后曾一度改汉，史称前蜀）。册立皇太子，封爵诸王，设置文武百官。授王宗传为中书令，韦庄判中书门下事，唐道袭为枢密使。

王建原籍许州舞阳人，少时不务正业，以屠牛马、盗窃、贩盐为生，有"贼王八"之称。后来在唐末农民起义时乘乱而起，起兵占据川蜀，采取了一些有利于农业生产和安抚息平的政策，当时有很多朝廷官士名族到蜀避乱，得到王建的优

王建坐像

王建哀册

厚援置。当时蜀境已成为繁华安定的经济文化中心，领两川、山南西道 46 州之地，置武信、永平、保宁等 10 余节度使。王建晚年听信于宦官，日益昏溃，前蜀光天元年（918）六月病逝，享年 72 岁。其子王宗衍继其位。

徐温专吴权

唐天祐五年（908）杨渥被弑，徐温开始在吴专制政权。淮南地区在唐朝末年一直战争频繁，后来由杨行密据守。唐昭宗李晔授杨行密为吴王，天祐二年杨行密病逝，由其子杨渥袭位。朱全忠篡唐另立（后）梁即帝位后，淮南杨渥拥兵坐观时局变化，但仍称唐天祐年号。杨渥本人凶残好杀，且昏庸

无能，其父杨行密旧部将剩下者寥寥。当时任左右牙指挥使的禁军首领张颢、徐温担心杨渥会杀两人，于是在五月率先发动政变，杀吴王杨渥。吴王被弑之后，张颢欲自立王位，幕僚严可求一方面设计阻止，立杨渥之弟杨隆演为王，另一方面联络徐温，以弑君之罪将张颢擒杀，并铲除张颢余党。从此徐温独掌中央禁军，开始专理吴政。

李克用含恨病逝

开平二年（908）正月，河东节度使晋王李克用病死，其子存勖嗣继其位。

李克用（856~908），沙陀人，其父李国昌，原姓朱耶，名赤心，咸通年间因镇压庞勋有功而被唐赐李国昌之名。李克用从小跟随其父征战南北，骁勇善战，军中称"飞虎子"，因一目失明又称"独眼龙"。李克用与父李国昌合攻朱全忠，又在镇压黄巢农民起义中立大功，被唐封为河东节度使（太原、领石、岚、汾、沁、忻、代等州，辖境相当于今山西内长城以南，中阳、左权以北），乾宁二年（895）进封为晋王。源驿之变后李克用与朱全忠连年交战，天祐元年八月朱温弑昭宗立李柷，及至后来朱篡唐建（后）梁后，李克用南向恸哭，发誓恢复大唐，无奈头部疽发不治，开平二年正月在晋阳病逝，时年53岁，其子李存勖继位。（后）唐立国后，追谥武皇帝，陵葬雁门。后来李克用旧将挑唆李克用之弟李克宁发动改变，被李存勖擒杀，政变失败。

高僧义存圆寂

后梁开平二年（908）五月二日，高僧义存在福建圆寂，享年八十七岁。

义存（822~908），泉州南安人，俗姓曾，是唐朝末年的高僧。义存出生于佛礼之家，从小深受家族影响，诚心向佛，十二岁时在闽蒲田玉润寺为童侍，十七岁时落发为僧。此后义存离家，遍游大江南北，黄河上下，访问各地名山高僧，广传佛经。唐咸通六年（865）义存返回闽中，在雷锋山建坛传教，一时名动海内。乾符（874~879）年间，唐僖宗封义存为"真觉大师"。唐朝

末年，王审知占据福建，他本人推崇佛教，因此义存受到很高的礼遇。义存传教行化达四十余年，门下达一千五百人，弟子分布很广泛，时人都称义存为"雷锋和尚"。义存卒后，王审知命按佛礼厚葬义存。

吴越筑捍海石塘

吴越天宝三年（910）八月，吴越钱镠为保护杭州地区而下令修筑捍海石塘。

杭州捍海石塘用了两个月的时间才完成。钱塘江海潮向来是杭州城的大患，唐朝以前当地居民就数次筑堤防护，都因潮水冲击难以修好，修成之后马上又被冲毁。这次钱镠组织修建的石塘，用竹笼装巨石，以十余行巨木为栏，并以铁练贯栏杆，做成塘基，修成堤坝

捍海塘护基木椿和横木捆绑情况

能经受潮水冲击。此后很多年杭州城都没有因潮水影响居民生产。钱氏又扩建杭州城，大修亭台楼馆，通衢巷陌，从此后杭州城逐渐发展繁荣起来，成为东南富庶之地。

刘隐割据岭南士人商旅辐辏

开平三年（909）四月，朱温（后梁太祖）封刘隐为南平王，岭南地区尽为其有。次年又进封南海王。

刘氏祖先本大食商人，原居福建，后移至岭南。至刘隐，已经获取了割据一方的节度使之职。朱温称帝后，刘氏向北方示好，获取王号。

刘氏广为延揽中原名士和招徕海外商贾，唐朝亡国衣冠士族纷纷南下，唐末被贬谪流放客居岭南的名臣及其后代均受礼遇。岭南因此成为人文兴旺，贸易繁荣的一个区域。

乾化元年（911）三月，刘隐病卒，被追为襄皇帝，庙号烈宗。

王审知经营福建

开平三年（909）四月，朱温（后梁太祖）封福建王审知为闽王。

福州闽王庙

王氏在唐末动乱中进入闽地，经王潮、王审知兄弟之开拓，福建地区尽为其有。后王潮病死，王审知独撑局面。朱温篡唐，王氏向中原政权示好，藉以取得王号。

王审知以节俭自处，选任良吏，慎用刑罚，减轻赋敛。招徕唐朝名士，开设学校，培育优秀人才。又开设"甘棠港"（今福建福安南），吸引海外商贾前来通商贸易。王氏居闽期间，境内晏然，为后世福建进一步发展奠定基础。

（后唐）同光三年（925）底，王审知病逝，庙号太祖。

闽王王审知

闽王纪念碑

五代发展皴法

　　皴法这种画技由唐人初创，但是在唐代画家山水画中尚未大量使用，只是到了五代，山水画家才把它广泛运用于南北山水画中，使画图更逼真，更具有表现力，很好地表现了崇山峻岭雄伟高迈之势、树木皮质粗糙遒劲之态、岩石突兀不平之貌，并进而影响了后世的山水画家。

　　皴法是用以表现山石，峰峦和树身表皮的各种脉络纹理的画技。表现山石、峰峦者，主要有披麻皴、雨点皴、春云皴、解索皴、牛毛皴、折带皴、括铁皴、大斧劈、小斧劈等；表现树身表皮的，则有鳞劈、绳皴、横劈等，它们俱是以各自形状命名的。皴法创立始于唐代。唐李思训创小斧劈皴，重勾勒，画家称为北字；唐王维创雨点皴，重渲染，画家称为南字。五代荆浩，关仝、董源、巨然四

五代关仝《山溪待渡图》

五代董源《夏山图》（部分）

人又在唐代山水画皴法基础上，形成适于表现南北山水状貌的皴法。

主要活动于后梁的荆浩，朝夕观察太行山的壮丽景色，写松数万本，对唐人山水笔墨颇有心得，他的传世作品《匡庐图》写庐山一带景色，在画山水树石时皴染兼用，小披麻皴层次井然，用墨精润而深厚，发挥了唐人水墨画的长处。

后梁的关仝在《山溪待渡图》中，皴法使用相当细密，笔力坚挺。其皴法变化依景物而为之，如各种树木表现皴法有树种、远近，老木新枝等变化；山岩皴法也根据质量，形体状貌而施以不同轻重、粗细、浓密、走向的皴点。

活跃于江南的董源、巨然，创造了不同于荆浩、关仝的山水画风貌。董源山水取南方丰茂秀润、云水葱笼的特质，融汇唐人青绿和水墨技法，独辟蹊径，创造水墨、色彩并用，披麻皴与苔点相结合的画法。董源的水墨矾头披麻皴对后世山水画影响尤为显著，这种画法，中锋用笔，从上而下，左右披拂，如一缕缕苎麻散披其间，十分适合表现江南山丘土原草木华滋的特点。山顶喜作成群相集的小山石（即矾头），缀以苔点。

师法董源的南唐山水画家巨然，山水笔墨清润，也善于长披麻皴，山顶画矾头，常以破笔焦墨点苔，风格比董源奇逸隽秀。

皴法经五代发展，越来越种类繁多，对后世山水画家具有很大影响。

五代十国

911A.D. 梁开平五年 乾化元年 蜀永平元年

岐王李茂贞侵蜀，蜀主王建遣兵御之；茂贞又攻长安，梁发兵御之。八月，刘守光称皇帝，国号燕，建元应天；即位之日，契丹陷平州，旋去。刘䶮取楚容管及高州。甘州回鹘遣使入贡。

912A.D. 梁乾化二年 蜀永平二年

三月，梁帝自将攻王熔，屠枣强，晋救兵至，梁兵疾遁。六月，梁帝为其子友珪所杀，友珪称皇帝。

913A.D. 梁郢王朱友珪凤历元年梁末帝朱友贞乾化三年 蜀永平三年

二月，梁均王朱友贞结禁军杀梁帝友珪；友贞即位于开封，复称乾化三年，是为梁末帝。四月，晋军下燕、顺、蓟、檀、武、营、平州，围幽州。十二月，燕乐民擒刘守光献之李存勖，存勖系刘仁恭，守光至太原杀之。自是晋全有卢龙之地。

916A.D. 梁贞明二年 蜀通正元年 契丹太祖耶律阿保机神册元年

二月，梁晋大战于魏州，梁兵大败。九月，晋取梁沧州、贝州，于是晋几全有河北。梁天平军乱，杀节度使王檀，旋定。契丹主耶律阿保机称皇帝，建元神册，是为太祖。

917A.D. 梁贞明三年 蜀——汉天汉元年 越刘䶮乾亨元年 契丹神册二年

七月，刘䶮称皇帝，国号大越，建元乾亨，以广州为兴王府。

918A.D. 梁贞明四年 蜀光天元年越—南汉乾亨二年 契丹神册三年

正月，汉主王建仍改国号为蜀。六月，蜀主王建死，子衍嗣。

919A.D. 梁贞明五年 蜀后主王衍乾德元年 南汉乾亨三年 契丹神册四年 吴杨隆演武义元年

四月，吴王杨隆演称吴国王，以徐温为大丞相、都督中外诸军事、诸道都统，封东海郡王。六月，吴败吴越兵于沙山；七月，吴越攻常州，吴又破之。次年五月，吴国王杨隆演死，徐温迎王弟溥立之。

918A.D.

日耳曼康拉德卒，日耳曼诸侯遵其遗嘱推选萨克逊公继位为王，是为亨利一世（豢鸟者），即萨克逊朝之始祖。

011

刘守光称帝国号大燕

刘守光乃深州乐寿（今河北献县）人，唐末卢龙节度使刘仁恭之子，为人庸昧而淫虐。梁开平元年（907），刘守光囚父自立，第二年又杀兄守文、侄延祚。燕应天元年（911）八月，刘守光独霸幽州，此后自矜据地2000里，带甲30万，想自立为"皇帝"。晋王李存勖对刘守光决定"阳尊以重其恶"，与河北诸镇共推其为"尚父"，太祖朱温知其狂愚，亦封其为河北道采访使及尚父，藉以笼络利用。刘守光还不满足，自称大燕皇帝，建元应天。

10月，晋国派使者到幽州，刘守光以其不称臣而杀之，从此，与晋国关系恶化，本年底，李存勖以此为藉口而围攻幽州城。乾化三年（913）十一月，李存勖攻破幽州城，活捉刘守光父子，次年一月在太原斩首。至此，盘踞幽州近20余年的刘氏势力被消灭，其地盘尽归李存勖所有。

岐蜀因婚事开始连年混战

前蜀与岐接壤时期，为求保境息民，对岐王李茂贞的财贷要求，蜀主王建均百依百顾，两国相安无事。

蜀永平元年，后梁乾化元年（911）春，岐王从子继崇妇，前蜀普兹公主回成都探亲不返，两国遂绝交，开始连年混战。3月，岐兵初征，蜀以十二万之众出战。5月，王建亲征，岐兵屡战屡败。8月，岐军在青泥岭大胜蜀军，一长志气。11月，蜀将王宗弼在金牛谷攻占岐16个寨，各路兵力大破岐兵，又占领21个寨。这一年岐蜀交战不断，最终以蜀取胜。

梁大败于晋

后梁乾化元年（911）十一月底，燕王刘守光以 2 万兵力入侵河北易、定，治理定州的义武节度使王处直向晋王李存勖求援，晋派大将周德威领兵攻燕，以解易、定之围。乾化二年（912）一月，晋军各路兵马会合围攻幽州，刘守光向梁告急。二月初，梁太祖以号称 50 万兵力亲征，令攻枣强、蓨县。枣强城虽小但抵抗力强，久攻方下，入城后尽屠城中老幼。此时晋军正全力围攻幽燕，大军俱出，

后梁开平元宝

无力南顾。晋将李存审等密谋出奇计来解蓨县之围。李存审先引兵拒守下博桥，派人混入梁军获其樵采者杀之，并陈尸下博桥，使生还的回军中传言"晋大军至矣！"营上下顿时人心惶惶。三月初，梁军攻到蓨县，还没来得及安营扎寨，晋军即伪装进入梁军中，乘黑夜大噪，造成晋大军到来的假象，梁军阵营大乱。后来梁太祖知道实情，非常惭愤，因此病重，在贝州停留半个月，再回魏州。

梁发生政变朱温为次子所杀

乾化二年（912）六月，朱温在一场家庭流血政变中被弑，朱友珪矫诏称帝。

梁太祖朱温晚年荒淫暴躁，与众儿媳均有乱伦关系，尤宠次假子友文妇王氏。长子友裕早死，友文因而在宫中不可一世，而次子友珪、三子友贞则备受梁帝猜忌。

乾化二年（912）六月，朱温病危，想立友文为皇太子，友珪妇张氏得知内情，告之友珪，友珪因此阴谋发动政变，六月二日则带兵混入宫中，直至梁帝寝

殿，杀死朱温，秘不发丧，并矫诏令友贞杀友文，然后才为帝发丧，即皇帝位。乾化三年（913）一月，朱友珪在洛阳祀天，并改元历，以求取得舆论的支持。

友珪弑父篡立，朝野上下人心不服，而且政局不稳定，均王朱友贞见状乘势起兵，与握有重兵的杨师厚共击新军，形势急转直下。

乾化三年（913）二月，友贞兵至洛阳，数千禁军举兵倒戈，突入宫中。友珪见大势已去，与妻张氏自杀。

朱友贞返回开封即皇帝位，复年号为乾化三年，追废朱友珪为庶人。开五代兵变拥立皇帝的先例。

蜀国击退南诏

前蜀永平四年（914）十一月，南诏大长和骠信郑仁旻偷袭蜀国黎州，蜀主王建闻讯大怒，兵戈相向，大败郑仁旻于潘仓嶂，斩长和清平官赵嵯政。12月，蜀军乘胜追击，一口气连拔长和武侯岭13个寨，俘斩长和军数万人。

次年正月，蜀主王建处死与南诏勾通的刘昌嗣、郝玄鉴、杨师泰等人，断绝内应，从此，南诏对北部邻国便谨慎从事，再不敢轻易侵犯蜀边界。

梁发生康王之乱

梁末帝朱友贞即位以后，政局不稳，朱氏兄弟间猜忌日重，文武百官议论颇多。康王朱友敬（太祖第八子）认为自己的双目有重瞳，呈现天子之相。后梁乾化五年（915）十月二十四日夜，乘末帝德妃出葬之机，康王派心腹潜藏在末帝寝殿之中，想杀末帝，却被皇帝的部队发觉并迅速采取措施捉拿凶手，第二天，康王被杀。

自此，朱友贞开始疏远宗室，重用租庸使赵岩及已故德妃兄弟张汉鼎、张汉杰等人。然而张、赵依势弄权，卖官鬻爵，离间旧日将相，一些执政大臣的建议均不用，于是政治日紊，后梁政情每况愈下，终于走向了衰亡。

诗僧贯休圆寂

前蜀永平二年（912）十二月，著名诗僧贯休在成都圆寂，享年 81 岁。

贯休（832~912）字德隐，金华兰溪人，俗姓姜。贯休 7 岁就已出家，苦习"法华经"，诗、书、画均为一绝，在当时享有盛名。

贯休早年周游荆南、吴越等地，诗歌中常见有激于义愤讽刺时弊之作，因而数遭流放。入蜀，贯休以"一瓶一钵垂垂老，万水千山得得来"等献句倍得蜀高祖王建赞赏，礼待有加，并号曰"禅月大师"。有《禅月集》传世。

贯休擅长草书，时人称之为阎立本、怀素，在朝野之间流传一时。贯休又工水墨佛

传为贯休所绘《十六罗汉像》（部分）

像，笔法坚劲，形象夸张，其传世名作"十六罗汉图"中之罗汉多粗眉广目，隆鼻丰颐，自云是梦中所见，醒后凭印象绘成。

契丹称帝建元

辽神册元年（916）十二月，契丹王耶律阿保机自称皇帝，国号契丹，建元神册，国人称天皇王（为辽太祖）。

契丹原为胡服骑射之族，部落众多，各部为疆域、猎物等争夺不断。阿保机出，以良策治军，所在部落日见昌盛，终于统并契丹八部，遏止了纷争。

塞外物资匮乏，契丹族便开始了南下的侵扰。而此时的中原之地也是寸土必争。群雄逐鹿，能取得外援支持自然更有竞争力，于是中原河北的地方势力亦时常勾引契丹，利用他们实现自己的个人野心，契丹则从中取得实惠

契丹铜镜

或好处。在互相的利用与被利用中，契丹族加强了与中原的接触，中原先进的文化和政治制度给阿保机以巨大的震撼。

阿保机是个善于学习的人。于是本月仿效汉制，以妻述律氏为后，备置百官，又在城南别建汉城，以充汉人。阿保机自此之后野心更盛，"颇有窥中国之志"。

吴与吴越征战

五代之乱，百姓苦不堪言。919年，吴与吴越两国又见兵戈相向，残尸遍野，发生狼山、无锡两役。

二月，吴越大举伐吴，战于狼山江。吴越将领钱傅璙命令船上满载灰、豆、沙等物，两兵对阵，先来顺风扬灰，纷纷扬扬，吴兵连眼睛都睁不开，叫苦不迭；及船舷相接，使散沙于己船而散豆于吴船，豆为战血所溃，吴兵站立不稳，稍有移动即跌得鼻青面肿。傅璙见良机已到，一声"放火！"但见吴船浓烟滚滚，染黑了半边天空，吴兵大败。吴将彭彦章长叹一声，泪流纵横，自刎身亡。

吴军初尝败绩，并不气馁，还以颜色。七月，徐温与傅璙战于无锡，吴军顺风点燃久旱之枯草，风助火势，火乘风威，吴越将士乱作一团，互相践踏，死了近万人，傅璙只得乘乱逃去。

徐温深感两国征战只会使"民困更甚"，倒不如"使两地之民各安其业，君臣高枕"，于是致书到吴越，讲述"多杀无为"，吴越王钱镠欣然听之，两国息兵，相安无事二十余年，百姓遂暂得安宁。

五代乐伎

王建病逝·王衍即位

前蜀光天元年（918）六月，前蜀主王建病逝，太子王衍即位，权宦唐文
扆被杀。

蜀主王建卧于病榻之上已有好几年了，918年6月，病情急剧恶化，王
建自觉不久于人世，遂召太子及马步都指挥使王宗弼入宫，托付宗弼说："你
要好好辅助太子。如果他干不了大事业，请将其闲置，千万不要让人杀了
他……"宗弼听命。

唐文扆久掌禁军兵权，意欲发难。他先派人守住宫门，又派亲信潘在迎
侦察外情，可惜却打错了算盘——潘在迎将唐文扆的阴谋告诉了宗弼。宗弼
拍案而起，强行入宫，历数唐文扆罪状，理正辞严，唐文扆被削官为民。同月，
王衍平安即位，是为蜀主，杀唐文扆及其同党。

中华文明

乱世天下

王建墓石人

五代前蜀舞伎

五代前蜀乐伎

刘岩称帝建汉

刘岩为后梁所封南海王刘德之子。后梁乾化元年（911），刘德病亡，刘岩继承王位。刘岩励精图治，岭南力量不断强大，刘氏独立于中原的倾向愈加明显。

刘岩不满足于"南海王"的封号，于南汉乾亨元年（917）七月，自称皇帝，国号大越，改广州为兴王府，定都广州，以本年为乾亨元年，当年铸钱"乾亨重宝"。次年十一月又改国号为汉。皇帝即改名为"龚"，取飞龙在天之意。

南汉拥有潮、郴、桂、邕等数十州，从此以后，历4代君主，占据岭南长达54年。

布袋和尚去世

布袋和尚是明州奉化岳林寺的僧人，名叫契此，因为常携一布袋在街市之中求乞，因而又得名布袋和尚。

布袋和尚体形肥胖，大腹便便，满脸笑意，到处云游，行踪不定。他习惯累了便睡，不择住所，身体却很洁净，他还能给人看祸福之兆，每每应验，后人以之为神，称之为弥勒转世。

后梁贞明三年（917）三月，布袋和尚去世，宋徽宗赐其号为定应大师。现在，寺庙山门之中还常可见到以布袋和尚为原型的笑弥勒形象。

梁晋为天雄兴兵

天雄军素驻魏博，自田承嗣以来，兵力日盛。杨师厚就任天雄节度使后，又仿效唐末河北牙兵之制，重建"银枪效节都"，天雄之兵，银光铁朔，益见精练。梁恐其强大不能制，早存顾虑之心。

五代赵岩《调马图》。马夫深目高鼻，属西域人形象。

915 年 3 月，杨师厚卒，魏博一时无帅。梁末帝朱友贞认为时机难得，意欲分而治之，断精兵悍将难制驭之虑，于是魏博版图一分为二，南北分治。但魏兵父子相承，族姻盘结，不愿分徙。三月初五，魏州军乱，劫持新任天雄节度使贺德伦求援于晋，晋王李存勖闻讯大喜，白白拣到了天雄奇兵。梁帝大怒，发兵质询，晋不甘示弱，于是梁晋开始为天雄兴兵。

两军先在莘县挑起了战火。当时，晋王李存勖与梁将刘鄩相峙于黄河北岸，刘鄩欲偷袭晋阳、临清，均因天时不助未逞，遂移师莘县。晋军尾随而至，两军隔水相望，一时倒也相安无事。而梁末帝见刘鄩坐吃山空，极为不满，一再催促。第二年二月，晋王假装回师晋阳，刘鄩迫不及待，举兵追来，晋将李存审以逸待劳，早有所备，大败梁军，刘鄩撤军之际，晋王返回，与存审兵前后夹击，梁军溃不成形，折阵七万人。两军鏖战之时，梁末帝又遣兵三万，突袭晋阳，兵败。梁军败报频传，军心动摇。916 年 4 月，捉生都指挥李霸带兵作反，幸杜晏球以五百骑击之，连夜平复了近千人的李霸禁军之乱。

然而此时梁军早已江河日下，不堪一击。晋军连胜之下，士气更振，人人向前，个个争先，连下卫州、惠州、池州、邢州、相州、沧州等城，势如破竹。梁河北州县尽入晋图版。以后双方又互有攻守，历时八年。

五代赵岩《八达春游图》。赵岩，梁太祖女婿。

契丹文字创成

　　神册五年（920），辽太祖耶律阿保机由于契丹族政治、经济、军事、文化的发展需要，在文臣耶律突吕不和耶律鲁不古的参与下，依仿汉字创造了契丹国字，即契丹大字。

　　由于受到汉字与契丹语的双重影响，契丹大字成为表意文字与拼音文字的混合体。其字形结构有点像简化的汉字，有点、横、直、撇、捺等笔画，也都是横平竖直拐直角的弯。有少数字是直接借用汉字的形、音、义，例如"皇帝"、"王"等，这类字都是用来记录契丹语中的汉语借词。还有些只借用汉字的字形和字义，读音则用契丹语来读。而绝大多数契丹大字都是与汉字字形不同，是自行创制的新字。

契丹文字《北大王墓志》

　　契丹大字不但数量少，而且笔画简单。据《新五代史·四夷附录》，契丹大字有"文字数千"，据现有资料统计，契丹大字仅有一千余字，而 10 画以上的字约百余，占总字数的 1/10。绝大多数都在 10 画以下，这都是契丹大字比汉字的进步之处。

　　契丹大字过于模仿汉字。汉字记录汉语，汉语的特点是单词多为单音节，每个字都是单音节并都各有字义。契丹大字是记录属于阿尔泰语系的契丹语，契丹语的单词多为双音节或多音节。契丹语是粘着语，即用粘着词尾的方法来表达语法关系，契丹语有元音和谐律，有时一个汉字的语音需要用几个契丹大字组合在一起才能记录，并且单词之间没有分隔符号，极不易辨认，这样在使用中存在许多弊病。辽太祖弟耶律迭剌创制了另一种更完善更进步的

契丹小字。契丹大小字区别不是字的大小，而是由于创制先后不同而表现出来的拼音程度的不同。

契丹小字是参照汉字和契丹大字的字形而在汉字反切法的启发下创制的一种拼音文字。它的字母只是发音符号，也就是现代学者所称的"原字"。一般并无字义，只有拼成单词之后才有意义。据现有资料统计，原字共有450多个但"数少而该贯"则是其一大特点。

契丹小字即契丹语单词分别由1至7个不等的原字拼成，并按一定规律顺序堆在一起，单词之间有间隔，极易辨认。每个原字构成的契丹小字为单体字，两个以上原字构成的则为合体字，排列顺序为先左后右、二二下推。款式系自上往下写，向右向左换行。笔画都较少，没有10画以上，多在6画左右。字体最常见的是楷书，非常适合记录契丹语，故流传于辽和金朝前期，至蒙古灭西辽时，才渐绝于世，至明代，则成为不为人们所识的古民族死文字。现在传世的契丹文字资料，大都是本世纪陆续出土和发现的金石材料，供后人研究。

契丹文字是古代契丹族人民为多民族中华大家庭贡献出的一份珍贵历史文化遗产，它开我国东北少数民族创制文字之先河，对于女真文字、蒙古文字和满州文字的创制有极大影响，契丹文字记录的单词中有大量汉语借词，对中古汉语语言的构拟和汉语史的研究也提供了宝贵资料，契丹文字在中华民族文明史上占有重要的地位。

五代十国

921A.D. 梁贞明七年 龙德元年 蜀乾德三年 南汉乾亨五年 契丹神册六年 吴国王杨溥顺义元年

八月，晋王李存勖使将成德将符习等讨张文礼，围镇州，张文礼病死，子张处瑾悉力拒守。十二月，张文礼、王处直皆尝乞师于契丹，阿保机因来攻幽州，陷涿州，侵定州，王都告急于晋，晋遣兵赴之。

922A.D. 梁龙德二年 蜀乾德四年 南汉乾亨六年 吴顺义二年 契丹天赞元年

正月，晋王李存勖救定州，大破契丹，阿保机走塞外。

923A.D. 梁龙德三年 唐庄宗幸存勖同光元年 蜀乾德五年 南汉乾亨七年 吴顺义三年 契丹天赞二年

四月，晋王李存勖称皇帝，国号唐。十月，唐主李存勖自将袭梁，俘王彦章，趋开封。梁主令其下杀之，翌晨唐兵始至，梁亡。十二月，唐帝迁都洛阳，称洛都。

925A.D. 唐同光三年 蜀咸康元年 南汉乾亨九年 白龙元年 吴顺义五年 契丹天赞四年

以皇子魏王继岌为都统，枢密使郭崇韬副之，大发兵攻蜀；十一月，蜀主王衍降。

926A.D. 唐同光四年 唐明宗李亶亶天成元年 南汉白龙二年 吴顺义六年 契丹天赞五年 太宗耶德光天显元年 吴越宝正元年

四月，从马直指挥使郭从谦作乱，庄宗中流矢死。李嗣源至东都，称监国，寻称皇帝，改元天成，是为明宗。

七月，契丹灭勃海，以其地为东丹国，阿保机命长子突欲镇之，号人皇王。阿保机寻死，次子德光立，是为太宗。

927A.D. 唐天成二年 南汉白龙三年 吴顺义七年 乾贞元年 契丹天显二年 吴越宝正二年

六月，封楚王马殷为楚国王，殷于是置左右丞相等官。

十一月，吴国王杨溥称皇帝。

930A.D. 唐天成五年 长兴元年 南汉大有三年 吴大和二年 契丹天显五年 吴越宝正五年

十一月，楚王马殷死，子希声嗣，去建国之制。

928A.D.

阿布塔希尔占领麦加，于劫掠后又将卡巴庙中之黑石携去。

契丹大举南侵

后梁龙德元年、契丹神册六年（921）十二月，契丹主耶律阿保机（辽太祖）应卢文进之请及受义武节度使王处直子王郁之诱，倾全力南侵，企图灭晋，述律皇后力谏，不听。

阿保机派兵南下，首先攻打的是晋之幽州，宋将李绍宏倾力据守，契丹便转而南下攻克涿州（今河北涿县），遂围定州（今河北定县），定州王都告急于晋，

契丹自北魏以来即与中原多有联系。唐亡梁立，战乱频仍，契丹开始南下侵扰。

五代《番骑图》（部分）

025

晋王李存勖亲自率领 5000 精兵前往救援。

翌年（922）正月，晋王先败契丹前锋万骑，继而又在望都大败契丹军，俘获契丹主之子，契丹撤退，渡沙河，桥狭冰薄，陷溺死者甚众。撤至易州（今河北易县），时值连天大雪，平地数尺，契丹人马饥寒交迫，损失惨重，只好从幽州撤出塞外，晋王追至幽州也班师回朝。

契丹大举南侵，历时两月，大败。

梁禁私度僧尼

贞明七年、龙德元年（921）三月，梁禁止全国上下私度僧尼。

后梁祠部员外郎李枢极力反对僧尼没有任何修为而妄求师号紫衣，因此于本月上书梁帝朱友贞，奏请禁止全国上下的寺院私自剃度出家为僧尼，以免僧尼质量良莠不齐，破坏佛家清誉。朱友贞随即下诏：大梁、洛阳两都左右街赐紫衣号僧的，一律要由功德使详细登记姓名上奏。以后要得到这种称号，必须到有空缺时才能奏请。每年逢明圣节，两街各准许官坛剃度人出家。地方上如果要度僧尼，必须到京城官坛，令祠部给牒。如自愿出家受戒者，也须入京比试经业，愿意返俗者，听其自便。

晋并四州

后梁龙德元年（921）二月，张文礼弑其养父。成德节度使赵王王熔，迫使晋封之为成德留后，据镇、冀、深、赵四州。张氏受晋封却南结朱梁，北邀契丹。八月，晋王李存勖命王熔的故将符习为成德留后，并以晋军助之讨伐张文礼，文礼惊惧而死，其子张处瑾秘不发丧而全力拒晋。九月，晋兵围镇州（成德军治所，今河北正定），晋将史建瑭中流矢而死。

十一月，晋王李存勖亲自统兵攻打镇州，张处瑾遣

李存勖像

使请降，晋不许。晋军力攻而不克，至第二年三月，晋王返魏州，留天平节度使阎宝筑营垒围镇州。阎宝伏军袭击出城寻粮的 500 镇兵，不成，反被镇兵火烧晋营，夺去粮草。阎宝败退惭愤而死，晋以李嗣昭代之。四月，李嗣昭阵亡，晋以李存进代之。九月，张处瑾之兵马趁晋骑兵均往镇州城下，晋营中空虚而突行偷袭，得手，李存进力战而死。

晋再以李存审带领晋兵攻镇州，此时镇州已粮尽而无援，张处瑾再次请降，晋不许。九月二十九日，镇州之将李再丰为内应引晋军入城，擒张氏兄弟、家人及同党，将张文礼曝尸于市。镇州破，其余三州唾手可得。晋耗时一年多，折损大将数名，终于兼并了成德故地镇、冀、深、赵四州。

后唐建立

后梁龙德三年（923）四月，晋王李存勖在魏州（今河北大名东北）正式称帝（是为后唐庄宗），国号大唐（史称后唐），改元同光。后唐正式建立。

早在称帝前两个月，李存勖就开始设置百官，选择了豆卢革为门下侍郎，卢程为中书侍郎，两人并同平章事。即位后又加封文武，以郭崇韬，张居翰为枢密使，卢质、冯道为翰林学士等。升魏州为东京兴唐府，王正言为兴唐尹；以太原府为西京，孟知祥为太原尹；以镇州为北京真定府，任圆为真定尹；时共辖 13 节度，50 州。追尊先祖及唐高祖、太宗、懿宗、昭宗等等，并大赦天下，减免赋税徭役，得到百姓的拥护。

后唐始建国，北有契丹进犯幽州，西有泽潞叛附于梁，黄河以南的土地依旧掌握在梁手中，而一年之前卫州失守失掉了 1/3 的兵力，创业前途未卜。而固守霸业当务之急则是灭掉后梁。于是，同光元年（923）闰四月，唐将李嗣源与子从珂帅 5000 槽兵东取梁城郓州（今山东东平西北），城碱，唐军禁焚掠，抚吏民，一夕而定。梁闻失郓州，大惊，子五月派精兵数千攻占唐德胜南城，并乘胜取潘张、麻家口、景店等寨。但不到两个月，所占之地又被唐军夺还，后梁王朝已经日暮途穷，终于在同年十月为后唐所灭。庄宗入据大梁后，遣使向各方面宣告（后）唐成立，各方反应不一，其中，楚王马殷和岐王李茂贞表示臣属，荆南高季昌则采取卑词而不屈的政策，吴国保境养民以观其变，吴越和闽国向后唐示好。因后唐主并无宏图远略，外交上未有惊人之举。

后唐灭梁，基业初成，转向全力治理内政。因其号称"大唐"，自认为唐朝嫡系，一切法律均从唐旧制，于同光元年十一月，庄宗诏令保存有唐法典全本的定州敕库进唐律令格式，共286卷。同时，庄宗李存勖依河南尹张全力奏请迁都洛阳，遵唐旧制，以洛阳为东都，长安为西京，兴唐府为邺都，凡后梁所改军镇之名亦先后恢复唐旧称。

同光二年（924）正月，庄宗命令前唐内宫及诸道监军以及私人蓄养的僧尼，不论贵贱一律至京城，后唐复用阉人，视为心腹，不久又依唐制，以宦者为诸道监军，专势争权，引起了藩镇的不满，埋下祸患。不过，后唐对选官的规章条格是比较重视的，章国后便开始整理选举官吏的规则，严格精核选人，对冒滥者严加惩处，已中选之人也参加复试。而且还作出禁用铁锡钱的一些规定。但是，由于庄宗皇后刘氏性妒、贪财而争权，四方贡献必须纳为两份，一上天子，一入中宫；皇后的教命与帝王之制敕交替下达到藩镇，内外都一样照旨行事，引起了政事的混乱。

内忧外患交织导致后唐的短命，在立国14年后，于清泰三年（936）被后晋所灭。

梁灭亡

同光元年（923）十月，后唐主李存勖攻克大梁，后梁末帝朱友贞自杀，（后）梁在立国17年后，宣告灭亡。

该年四月，李存勖即位后，便开始对（后）梁发动更大规模的进攻，企图一举将其消灭，首先攻占了梁郓州。后梁大惊，梁廷遂采纳敬翔的建议，任命老将王彦章为北面招讨使，段凝为副。王主军之后，后梁士气大振，乘唐守将不备，连克德胜南城和潘张、麻家口、景店等地，扩大了声势。五月，梁以10万兵力攻晋杨刘，堑垒重重，切断内外联系。在此关头，梁将康延孝因不满梁末帝朱友贞而临阵投降，并将梁军虚实部署尽告与李存勖。李存勖亲自往前线指挥，经苦战保住杨刘重镇，形势逐渐好转。七月，唐军夺回德

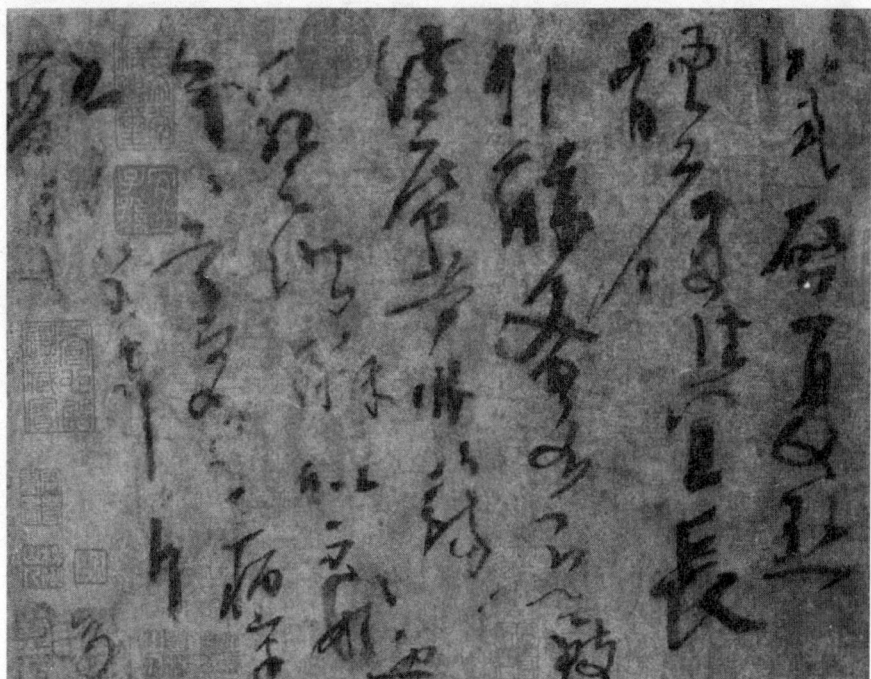

五代杨凝式《夏热帖》。杨凝式历仕梁、唐、晋、汉、周五朝,官至太子少师。

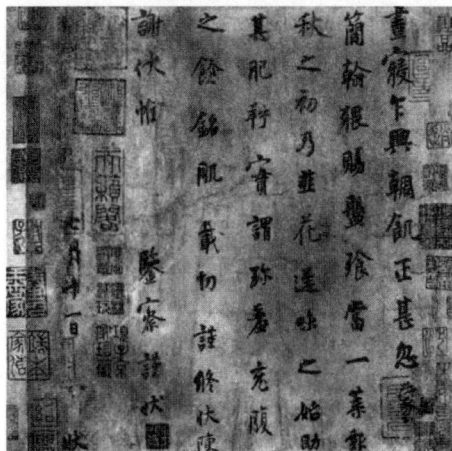

五代杨凝式《神仙起居法帖》

五代杨凝式《韭花帖》

胜城并屯兵于此。

这时，梁廷内部矛盾激化，为了御防唐军，竟在滑州（今河南滑县东）决开黄河，使河水东淹曹、濮、郓诸州，以阻唐军西进攻汴州，并决定调王彦章领兵收复郓州，西命董璋攻太原，霍彦威攻镇定，准备于十月大举发兵攻唐。而唐更有西部泽潞之叛，北部契丹扰边，众将领颇有议和之意。但李存勖采纳康延孝建议，在郭崇韬、李嗣源等支持下，决计乘梁兵力四出，都中空虚之机，直捣大梁。

九月底，李存勖命将士送家属返兴唐府，准备与梁决战。十月，后唐大军自杨刘渡河，一战而败梁军，俘王彦章，乘胜进取大梁。大梁城内只有禁军数千，主力正在黄河以北，无法救援。朱友贞见大势已去，举家自杀。唐军进占梁都城，梁亡。后梁主力大军降唐。

唐庄宗宠优伶

（后）唐庄宗李存勖在位年间（923~926），不单重新任用阉人，致使宦官干预朝政，同时，优伶也得到了他的信宠。

李存勖自幼擅长音律，并喜好演戏，经常粉墨登场，自取艺名曰"李天下"。他即位后，唐之优伶常得以陪侍左右，多受宠幸。一次，优人敬新磨听到有人自呼为"李天下"，便打其耳光，并说："理天下者只有一人，尚谁呼耶？"庄宗闻听大悦，重赏了他。于是，别的优伶争相仿效，想尽办法讨皇上的欢喜。庄宗对优伶宠信尤胜。

诸伶人出入宫禁，侮弄缙绅，群臣或敢怒而不敢言，或交结攀附以求庇护恩泽。如伶人景进受宠特厚，租庸使孔谦附之求宠，常呼其为"八哥'。四方藩镇也争相贿赂。伶人得以干预政事，但是，朝中文武官员的意见，李存勖不但不加重视，甚至置之不理。同光二年（924）五月，庄宗非但没有将临阵逃梁的伶人周匝治罪，还任命他推荐的梁优伶陈俊、储德源分别为景州、宪州刺史。而当时随帝身经百战的亲军尚有没得到刺史官职的，闻讯后都大为愤怒，郭崇韬极力谏阻也无效。

吴越立国

后梁龙德三年（923）二月，梁遣兵部侍郎崔协等为使，册封吴越王钱镠为吴越国王，吴越开始建国，仪卫名称如同天子之制，所居之处称宫殿，府署称朝廷，备置丞相以下的文武百官，辖境之内王之教令称制敕等。都城在杭州。

吴越国王钱镠，杭州临安人，出身寒微。年轻时贩私盐为生，后应募参军，逐渐掌握军权而占据两浙之地。唐末时被封为越王和吴王。（后）梁初立，吴越为提高自身地位及加强国力，一反吴、蜀作法而向（后）梁示好，被封为吴越王兼淮南节度使，虽受封但对梁不称臣而称吴越国，唯不改元，奉梁年号。是一个表面臣属实际独立的政权。版图在十国之中较为狭小，包括杭、越、湖、苏等13州。

吴越国小力弱，孤处东南，始终对北方朝廷示好纳贡，以联络中原抗衡周边政权为国策，本身注意兴修水利，发展商业及海上交通，但赋役繁重，民众苦不堪言。自开平元年（907）有国，至太平兴国三年（978）降于北宋，共历5主，共计71年。

李严使蜀

后唐同光二年（924）四月，唐派客省使李严为特使出往（前）蜀，以开拓（后）唐，（前）蜀之间的经济交流，并且探知蜀国虚实。

李严入蜀，奉敕用马匹交换蜀国久负盛名的宫中珍玩，但其时蜀国法律禁止锦绮珍奇入中原，只以质地粗劣者冒名顶替，称之为"人草物"。李严发现这一真相，便盛称唐庄宗威德及统一天下的志向，言语间对蜀廷多有冒犯，引起蜀君臣的愤愤不平。

五月，李严回到洛阳复命，庄宗闻"人草物"真情，骂道："王衍岂得免为人草之人乎！"李严见状，遂进言说：蜀主王衍年幼昏庸，蜀政混乱，如有大军压境便即土崩瓦解。庄宗决意组织兵力攻打蜀国。

李严使蜀，探测到蜀国的虚实，为唐灭蜀扫除了障碍。

乱
世
天
下

五代女舞俑

五代女舞俑

钱镠钱俶批牍合卷（部分）

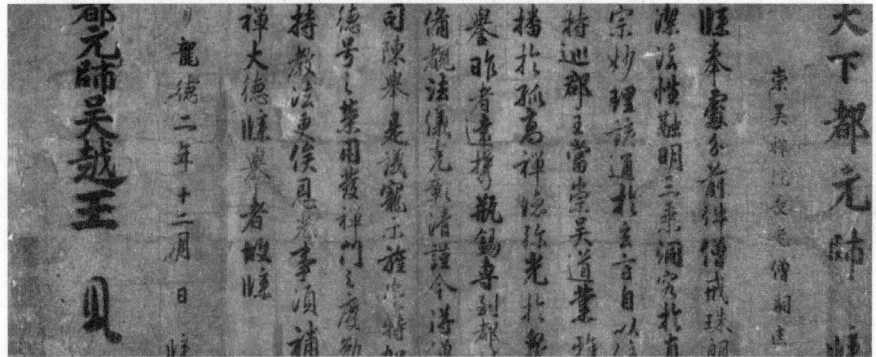

钱镠钱俶批牍合卷（部分）

吴越王印

后唐灭蜀

前蜀自同光二年（924）后唐使节李严还朝后，曾加紧边防以为戍守，防止唐军入侵。后唐一方面加紧伐蜀准备，一方面派人与蜀修好，使蜀放松警惕，先后撤回武兴节度（今陕西凤县东北）、武定节度（今陕西洋县）、天雄节度（今甘肃秦安西北）及金州（今陕西安康）等97军，蜀后主王衍则沉湎于酒色游乐，不理朝政。

同光三年（925）九月，后唐一切准备就绪，以皇子魏王李继岌为西川四面行营都统，枢密使郭崇韬为副，率朱令德、康延孝、董璋等将领，发兵6万攻打蜀国。十月十八日至十九日，仅两天时间，就得蜀4州1县，粮60万斛，兵马8000。蜀主王衍拒众谏，自九月初出巡游乐，到十月闻唐兵西上，仍不信，未以为意。直至郭崇韬已入散关，才信唐大军已压境，急忙调兵遣将抵挡。但不久，唐前锋便连下兴、成二州，并大败统兵3万迎敌的蜀三面招讨使，随之奔袭利州，蜀各州镇望风而降。十一月，蜀后主王衍命人草降书、降表，遣人奉迎唐军主、副帅。唐大军至成都时，蜀后主率百官出降。

后唐仅用了70天时间便灭掉前蜀，使蜀历二主，立国19年而亡，并得10节度、64州、249县、30000兵马和无数铠仗、钱谷、金银。

唐灭蜀消息传出，与蜀唇齿相关的荆南高氏集团大惊失色，而楚国马殷则表示称贺，同时进一步加强自身军力。

魏博军乱

后唐同光四年（926）二月，戍守瓦桥关（今河北雄县西南）的魏博士兵换防，但唐庄宗因邺都（今河北大名东北）空虚，恐怕士卒叛乱，便下令留驻在贝州（今河北南宫东南），不许返回魏州（即邺都）。士兵离家咫尺，但不得还，极为不满，一场哗变在酝酿中。

当时，后唐听信谗言枉杀国家重臣郭崇韬、朱友谦等人，加上灾荒严重，军粮匮乏，国库空虚，军士赏给无着，于是谣言四起，人心惶恐。瓦桥戍卒皇甫晖等人杀都将杨仁晸，奉效节指挥使赵在礼为首，焚掠贝州，一路烧杀抢掠，攻占邺都，推举赵在礼为魏博留后。

魏博军乱消息传到洛阳，庄宗大惊，即调元行钦前去平乱，同时征发诸镇兵马，但元未能胜任，而邺都乱兵因见不能获赦免，便坚守不降。庄宗无奈，只得任命平素所猜忌的李嗣源取代元行钦，去解决邺都之变乱。后李嗣源的部下作乱，欲拥戴他，李嗣源不从，遂赴汴州以自全。

后唐庄宗死·明宗即位

后唐同光年间，灾荒严重，国库空虚，伶宦权贵滥政，致使百姓怨声载道；同光四年（926）正月平定四川时因朝中宦者进馋，灭蜀功臣郭崇韬无罪被杀，同时，河中节度使朱友谦也因满足不了宦官伶人的贪欲，被进馋言以伙同郭崇韬谋反而获罪见诛，后唐朝野人人自危。二月，魏博叛乱，形势更加严重。本来刚灭掉前蜀增加了后唐政府的威信，但李存勖失政，朝中小人专权，政治混乱，加上天灾人祸，庄宗李存勖的政权已难以维持。

同月，伐蜀先锋康延孝见郭崇韬枉死，恐危及己，叛唐，三月兵败身死。同时，皇帝亲军"从马直"在郭从谦带动下叛乱，邢州、沧州等地也相继起兵造反，战乱几乎波及河朔全部地区，各地乱军剽掠州城，弄得民不聊生。最后众兵拥护蕃汉内外马步军都总管李嗣源。李存勖众叛亲离，四面楚歌，急调随军兵士转徙汴梁，途中闻知李嗣源已进入大梁城，见大势已去，只好回师洛阳。四月，他收拾散兵准备讨伐叛臣李嗣源，尚未出发，侍卫军"从马直"又发生哗变，李存勖中流矢死于乱军之中，年42岁，在位仅4年。李嗣源入洛阳为监国，下诏安民，杀依附优伶的租庸使孔谦，废租庸使及内勾司，恢复盐铁、户部、度支三司；又以庄宗因宠幸宦官而误国，罢黜诸道监军使，命诸道尽

天成元宝

杀宦官。

李嗣源在监国时即声称一待魏王李继岌回到洛阳，便拥立其为帝，但李继岌已在渭南自杀，于是李嗣源便于四月正式即位（是为后唐明宗），改同光四年为天成元年，大赦天下，并下诏裁减后官、伶官及教坊侍佣，减免赋税，整树科学，奖赏功臣军士，惩治权佞贪浊，废除苛敛之法，尽革同光之弊。明宗在位六七年间，后唐曾一度出现小康时期。

天成四年地券

毛文锡入后唐

后唐天成元年（926），因蜀被唐灭，前蜀词人毛文锡随蜀后主王衍投降后唐，到达中原。

毛文锡，字平珪，四川高阳人，生卒年不详。毛文锡尤善作词，与欧阳炯，唐文寅等人以词为后主所欣赏，当时人称"五鬼"。

毛文锡在唐末时中过进士，但因生逢乱世而未能加官进爵。待前蜀开国，他便入仕王建朝廷，历官翰林学士承旨、礼部尚书、判枢密院事、文思殿大学士、司徒等职。后主时，宦官唐文寅与宰相张格勾结，与毛文锡争权，毛文锡势单力薄，被贬为茂州司马。前蜀亡国，他随后主王衍入后唐，不久又入川事后蜀孟氏。

毛文锡在政事上并无特别建树，在文学上颇有成就，著有《前蜀纪事》2卷、《茶谱》1卷。

辽太祖去世

辽天显元年（926）七月，契丹皇帝耶律阿保机灭渤海回师，因病逝世于扶余城（今吉林四平），据史料记载是死于伤寒。

阿保机之妻述律皇后与长子突欲护其灵枢归还契丹皇都西楼，杀难以统驭的将领、酋长以殉葬，并遣使告哀于唐，后唐明宗辍朝 3 日以示哀悼。耶律阿保机庙号辽太祖。

阿保机的皇位按照常规应该由长子东丹人皇王耶律信（突欲）继承，但述律皇后喜爱的是次子耶律德光，于是早有预谋另立皇帝。当阿保机的灵枢运到西楼时，述律皇后便迫使群臣拥立德光，立他为天皇王。德光即位（是为辽太宗），尊述律为皇太后，参与制决军国大事，打理朝政。太后又纳侄女为天皇王后，任命韩延徽为政事令，一切律令制度都如前朝。

后唐置端明殿学士

天成元年（926）五月，后唐设置端明殿学士，目的在于协助主政者阅读文件和出谋划策。自此时开始才有"端明殿学士"之职。

后唐之所以创置"端明殿学士"的职位，是由于明宗李嗣源目不识书，四方所上奏章都由枢密使安重诲宣读，而安重诲文化水平也不高，不能完全领会文义。于是，根据宰相孔循的建议，遵循唐代侍读、侍讲及朱梁直崇政院、枢密院之制，选文臣与枢密使共事，从而创置端明置端明殿学士，以冯道、赵凤充任。次年正月，又令他们班位居翰林学士之上，并且只能派由翰林充任。

端明殿学士一方面充当皇帝顾问，以备应对，协助处理各方奏议和宣读文件等；另一方面是与他人合作编修日历史录，其职能大体是延续唐代的传统。

花蕊夫人遇害

同光四年（926）四月，前蜀主高祖王建徐贤妃及其妹徐淑妃（世称"花蕊夫人"，约883~926）在秦川驿被杀。

五代小琵琶

同光三年十一月，前蜀为后唐所灭，蜀后主王衍率众投降。第二年正月，后唐征蜀帅魏王李继岌派遣李继俨，李严押解王衍及宗族、文武百官往唐都洛阳。三月，行至后唐境内长安（今陕西西安），庄宗（李存勖）敕令"王衍一行并从杀戮"，枢密使张居翰怕遗留祸患，偷偷将"一行"改作"一家"。四月初一，唐中使向延嗣带敕令至长安，在秦川驿杀王衍及王氏家族所有成员，花蕊夫人徐淑妃及其姐、王衍之母徐贤妃同时遇害。花蕊夫人徐淑妃，也称小徐妃，"花蕊夫人"是其在前蜀宫中的称呼，在高祖王建时颇受宠，后主即位尊为皇太妃。徐淑妃为一才女，善写宫词，内容多叙述蜀宫中的游宴风物，风格和婉清丽，有《花蕊夫人宫词》100多首传世。

楚国建立

后唐天成二年（927）六月，后唐封天策五将军、湖南节度使、楚王马殷为楚国王。马殷便开始建立楚国，定都长沙，立宫殿，置左、右丞相，形如天子之制。群臣都称之为殿下，文武百官都进位加封，将翰林学士改称为文苑学士，知制诰称知辞制，枢密院称左右机要司。但不改元，仍然

五代乐伎

037

奉事北方中原朝廷。早在乾宁三年（896），马殷就已占据湖南，后梁开平元年（907）被封赐"楚王"称号，自此据守楚地，从南北商旅贸易中牟取巨利，并种茶贩卖、铸铁铅钱，一时富甲南方诸侯。曾派特使庆贺后唐代梁，但闻听庄宗灭前蜀的讯息则大为惊恐，怕殃及己身。后探知庄宗李存勖骄恣失政便安心下来。本年，趁后唐明宗即位不久，国家刚获得安定，尚无力外顾，马殷便开始建立楚国。楚国统治区域曾达广西东北部，南唐保大九年（951）被南唐所灭，共历6主，45年。

徐温卒

吴顺义七年（927）十月，吴国最有实权的铁腕人物、大丞相徐温病逝，其养子徐知诰继任辅佐吴政。

徐温（862~927），字敦美，海州朐山（今江苏东海）人，早年以贩盐为生，唐末追随杨行密，逐渐参预政事。杨行密死后，参加册立杨渥为主；吴天佑四年（907）与张颢以兵谏名义除去杨渥羽翼，把持淮南大权；第二年，又伙同张颢杀杨渥，事成后除掉张颢，从而把持吴国国政近20年，长驻金陵（今南京）城。

徐温执政期间，曾多次镇压反叛和异己力量，同时大量培植亲信，其子知训被杀后，又与养子知诰专权。他颇为重视保境养民，与邻国吴越休兵言和，使境内居民得以安居乐业。徐温虽然目不识书，但使人宣读诉讼之词后作出的判断，都合情合理，同时也善于用人，择贤而举，深得国人之心。

吴王称帝

吴乾贞元年（927）十一月，吴国王杨溥称帝，定都江都（今江苏扬州），改元乾贞，加封承相徐知诰，由其统领中外诸军事。

吴自景福元年（892），唐淮南节度使杨行密占据淮南镇，天复二年（902）受封为吴王，坚守江淮，形成割据局面，对中原王朝保持若即若离的态度。

五代玉带（局部）

五代玉带

杨隆演上台之后，吴国实权已掌握在承相徐温手中，杨氏成为仅有名位的傀儡。杨隆演即吴王之位，就开始设置文武百官，仪卫形如天子之制，改元武义，建立宗庙社稷，追尊杨行密为孝武王，杨渥为景王。

杨溥上台后，吴实权人物徐温于上月病死，其养子徐知诰接位辅佐吴政。本月，杨溥正式称帝，任徐知诰为太尉兼中侍中，实权仍把握在徐氏手中。

第二年（928）二月，吴遣使至后唐，后唐以吴王称帝且连续联结荆南，怒而拒使，吴和后唐于是绝交。

两川争盐利

后唐灭掉前蜀的同时，委派孟知祥和董璋分别镇守西东二川。两川节度使一直是面和心不和，暗中勾心斗角争权夺利，特别是对于盐利，两川都想据为专有。

蜀中多出井盐，东川、西川两节度所管辖境内都有盐井，而东川的盐利稍多于西川，两川互不相让，都想专有其利。于是各自采取措施以达到这个目的。首先是东川节度使诱使商贾自东川贩盐到西川，从中牟取利润；西川节度使孟知祥不甘示弱，在与东川接壤的汉州（今四川广汉）设立三处盐场，以向盐商征重税为对策，年获利七万缗，导致商旅从此不再往东川贩盐。

两川争盐利，以此告终。

唐平王都

后唐义都节度使于天成三年（928）叛反，被唐于次年初平定。

王都自后梁龙德元年（921）囚杀养父王处直后，袭为义武节度使驻守定州（今河北定县）。唐庄宗与之结为亲家，友好相处，但唐明宗即位后则厌恶此人，王都也以牙还牙，开始在辖境内自命官吏，租赋收入也只供本军不输朝廷，并暗中勾结卢龙节度使赵德均、成德节度使王建立等，想恢复唐末河北三镇世代相袭，不输贡赋不受征发的旧制，又离间诸镇，分化后唐军事力量。后唐先后接到密告王都谋反的奏状，便于唐明宗天成三年（928）四月，削王都官爵，王都闻讯即叛，李嗣源（明宗）抽调归德节度使王晏球为北面招讨使，统诸道兵马征讨定州，不久攻克定州北关城，王都向契丹求救，契丹派遣秃馁率万骑入定州解围。五月，唐军在曲阳大败定州军，契丹兵死亡过半，王都、秃馁几乎是只身逃脱，收拾败兵据守定州城。

七月，契丹增派 7000 骑兵救定州，再次被唐军击败，契丹兵北撤，卢龙节度使赵德均派兵围剿，契丹兵几乎全军覆灭。由于他们在中原到处不受欢迎，北逃的军人，特别是散匿村落郊野的小股队伍和个人，很少幸免于村民的刀枪棍棒之下，逃回契丹者不过数十人。自此契丹不敢轻易进犯北边。

至天成四年（929）初，王都、秃馁突围不成，后唐军攻破王都和契丹人据守的定州城，王都举族自焚，秃馁及 2000 契丹军被后唐所俘。

唐许民间酿酒

天成三年（928）七月，后唐下令驰放曲禁，允许民间造曲酿酒，而于秋税上纳曲钱，每亩出 5 钱，随税征纳。都城及诸州市镇每年买官曲酿酒之户，准其自造酒曲酿造酒卖。榷酒之法（指定酒为国家专卖品）开始于唐朝德宗建中初年（780），此后，唐政府多所申令，又不断下敕诏令。至李嗣源（后唐明宗）初，发生了一件震动朝野的事：东都留守孔循以犯私曲法等罪而族

杀一家。本月，明宗采纳建议，干脆开放此禁，"一任百姓造曲酿酒供家"及买卖，开始准许民间酿酒。长兴二年（931）五月，又罢亩税曲钱，城中官曲减半价出卖，城居之外不得私自造曲，而乡村则听任百姓自造。到七月，三司以百姓造酒不到官场买曲为由，恢复旧法，由官府控制销售。从此，官府虽没有完全垄断酿酒，但民间酿酒的税收已比以前大大加重了。后唐以后的（后）汉、（后）周诸朝，恢复了榷酒之法，禁止民间酿酒，违法的严厉惩处。

契丹东丹王降唐

后唐长兴元年、契丹天显五年（930）十一月，契丹皇帝阿保机死后，其长子东丹王突欲继位不成，遂率部曲40人，渡渤海至登州（今山东蓬莱）奔后唐。

突欲来唐，受到优待，次年（931）三月赐姓东丹，名慕华，为怀化节度使，瑞、慎等州观察使，所率部曲也赐姓名。至九月，又改赐东丹慕华为李赞华，

五代《闸口盘车图》。全图描写一官营面坊，在建筑规模、器物、服饰方面，都具有晚唐五代的时代特色。山石勾勒用笔起伏顿挫；皴作刮铁小斧劈；柳叶的描法还保存着浓重的唐代遗风。以盘车水磨为主题的界画，独盛于五代，这与社会背景、经济生活有关。在五代中叶以后，统治者在饱经战乱之后，懂得恢复农业为当务之急，因为它既可增加税收，又可起到稳定民心、缓和矛盾的作用。所以对农业生产有关的水利灌溉和利用水力的其他加工机械，不论在后周、南唐、吴越都得到相应发展，并且都由地方官府管理，以便"征纳课利"。因此画家以水磨盘车作为创作主题，就完全有它重要的现实意义。

封陇西县开国公，长兴三年（932）四月，再破例任突欲为义成节度使。

突欲通阴阳，知音律，精医药针灸之术，工契丹、汉文章，曾译《阴符经》。擅长绘画，他所绘的《猎雪骑》、《千鹿图》到宋代时皆被收入秘府；好读书，家藏万卷。但生性残暴，改嫁给他为妻的庄宗后宫夏氏亦不堪其残酷嗜杀又好饮人血，不得不出家为尼。

后唐清泰三年（936）十一月，突欲在唐、晋混战中被李从珂所杀。其子耶律阮为辽世宗，追尊其为让皇帝，庙号义宗。

东西川联合反唐

后唐天成五年（长兴元年，930）东西川节度使董璋、孟知祥先后起兵，联合反唐。

后唐灭前蜀的同时，就先后置下了东西两川节度。不久，四川节度使孟知祥，东川节度使董璋恃兵力、财政割据一方，渐成坐大之势，后唐中央政权越来越难驾驭两川。天成四年（929）五月，明宗因要举行祀天大礼，命西、东两川分别献钱100万缗和50万缗，两川就以军用不足为由拒绝，所献运不足要求，引起了明宗震怒，开始怀疑两川另有图谋，便下令割川之阆、梁两州置保塞军，派兵戍守。四川局势渐趋紧张，面对这种难以自安的形势，两川弃前嫌结为儿女亲家以合力抗后唐之命。

长兴元年（930），明宗见两川实在难制，便决意伐蜀。九月，西川闻讯与董璋相约共同举兵，开始攻打遂、阆两州，杀唐守将李仁矩和姚洪。次年二月，董璋首先揭起反唐旗号，孟知祥继之。同年秋，明宗下令石敬

五代卫贤《高士图》

塘进攻四川，双方展开激战。因为唐兵深入敌腹而后援不足，又遇到两川死力抵抗，致使死伤惨重，只好无功而返。蜀中州县均为两川分别攻占。

后唐置场市党项马

后唐天成四年（929）四月，后唐在西部沿边设置市场，专门买党项马，用以阻止党项入京。

后唐初年，立国西部的党项常以进贡为名，牵马到洛阳，其马不论良驽，都称是上好品种，后唐则除照给马值外，为表嘉其忠心，常加倍赏酬，每年的这项花费不少于五六十万贯，因而于本月下诏"沿边置场买马，不许蕃部至阙下"，以减少国家的财政支出。不过，明宗又认为后唐确系马匹不足以支配，还必须经常征买以备急时之需。而党项诸部有精良马匹作为贡物，朝廷给予赏赐亦是常事，关系到国家的礼仪和形象，不可能完全废止。故此，四月所下诏令宣而不用，党项各部的贡羊贡马仍络绎不绝地贩运到洛阳买卖。

直到长兴四年（933），随着购置的马匹越来越多，实际用得着的地方却很少，而国家为了购买蕃部马匹，每年都必须消耗十之六七的国力，实在是得不偿失，于是明宗又下敕，沿边藩镇若是有蕃部贡马，只可以选择精良的品种限数购买，杜绝滥买。从此以后，党项送到后唐的贡马才大大减少。

荆浩发展新画法

中国五代后梁时期的荆浩，因为中原一带战乱频繁，政局动荡，于是就隐居太行山的洪谷，自号洪谷子。隐居生活中，荆浩耳濡目染于山川美景，师法自然从而得就一手好画。

荆浩对中国山水画的发展作出过重要贡献，将唐代出现的"水晕墨章"画法进一步推向成熟。他对唐人山水笔墨颇有心得，写有《笔法记》传世。他认为"吴道子画水有笔无墨，项容有墨无笔，吾当采二子之长，成一家之体"，从而形成以笔墨见重的山水画面貌，标志着中国山水画的一次大突破。

043

他创造了全景式山水画的风格，其特点是在画幅的主要部位安排气势雄浑的主峰，在其他中景和近景部位则布置乔窠杂植，溪泉坡岸，并点缀村楼桥构，间或穿插人物活动，使得一幅画境界雄阔，景物逼真和构图完整。传世作品《匡庐图（藏台北故宫博物院）》，气势恢宏，层次井然。山水树石，皴染兼用，充分发挥了水墨笔法的表现力，体现了荆浩本人追求山水"气质俱盛"的艺术境界。他的这种全景式山水画，奠定厂稍后由关仝、李成、范宽等人加以完成的全景山水画的格局，推动了山水画走向空前的全盛期。历代评论家对他的艺术成就都极为推崇。

荆浩所著的《笔法记》，在中国古代画论中最早全面系统地论述了山水画的创作方法和艺术准则，提出了"六要说"，即画要有"气"、"韵"、"思"、"景"、"笔"、"墨"。他强调对自然形象的观察，认识、体验，并经过作者提炼，整理，创造出更为真实生动的艺术形象，这一卓越见解，在绘画理论发展中具有重要意义。"六要"除了吸收和继承了中国古代画论中的气韵、用笔、立意等说之外，还特别标榜"景"和"墨"，反映了山水画历经隋唐五代时益趋发达和水墨画越来越受到重视的时代风尚。

文中还指出绘画中的"有形之病"和"无形之病"。认为"有形之病"只是犯有"花木不时"、"屋小人大"等错误，

荆浩《匡庐图》。清孙承泽评价此图道："中挺一峰，秀拔欲动，而高峰之右，群峰攒屼，如芙蓉初绽，飞瀑一线，扶摇而落。亭屋、桥梁、林木，曲曲掩映，方悟华原（范宽）、营邱（李成）、河阳（郭熙）诸家，无一不脱胎于此者。"对此图评价极高。图画庐山及附近一带景色，结构严密，气势宏大，构图以"高远"和"平远"二法结合，而其深远、奥冥、缥缈尽得其当。画法皴染兼备，皴法用"小披麻皴"，层次井然。全幅用水墨画出，充分发挥了水墨画的长处，正如荆浩自己所说："吴道子画山水，有笔无墨；项容有墨无笔，吾当采二子之所长，成一家之体。"

虽然不能改变，但还是容易辨识。而无形之病是画中缺少气韵形象死板没有活气，那就更为严重和难以补救。这也同样反映了荆浩重视神形兼备的可贵主张。

韩偓作《香奁集》

唐代末年，诗人韩偓将他的很多诗作收为一集，名曰《香奁集》。

韩偓（842~923），字致尧，小名冬郎，号玉山樵人，京兆万年（今陕西西安附近）人，从小聪慧过人，10岁即可即席作诗。龙纪元年（889），考取进士，随后出任河中节度使幕府，以后，历任左拾遗，左谏议大夫。翰林学士，中书舍人，晚年政场波折，贬为外官，惨死于闽南南安县。

韩偓的《香奁集》，收集了《袅娜》、《绕廊》、《夜深》等诗作，多是抒写男之间缠绵之情及妇女的服饰容貌，风格纤巧绮丽。如《绕廊》、《欲去》描写的是男女之间因为爱情受阻而引发的追忆、想念之情，心理活动刻画深刻，用词真挚，委婉动人。《袅娜》、《咏浴》描写的则是士大夫的恋情，狎邪生活，笔致也较为酣畅。由于《香奁集》的题材内容在历史上所引发的褒贬不一，对之评价较有争执。

韩偓的诗除了《香奁集》中描写的男女之情外，还有一些借景抒情和借事抒怀的佳作，这与韩偓晚年的政场被动及唐王朝的崩溃有很大的关系。他总是在诗作中借事或借景以抒发对已去的唐王朝的缅怀之情，如《故都》、《伤乱》、《惜花》等等。

辽治矿冶

辽代的矿冶比较发达。辽太祖的父亲担任夷离堇期间，"始置铁冶，教民鼓铸"。911年，辽太祖耶律阿保机率军南征幽、蓟，到达滦河，在还军途中，得银、铁矿，并命令冶炼。天显元年（926），辽太祖灭渤海国，得到渤海的冶铁基地铁利府，并改名为铁利州。辽太祖还曾以渤海俘户在东京道饶州建长乐县，其中1000户在当地从事冶铁生产。辽朝接收渤海的大量铁矿及冶铁技术，使辽朝的冶铁业迅速发展起来。

辽朝在各地先后建了许多冶铁处所。如在东京道尚州东平县建铁冶，集中采炼的有300户人家，而且把铁制品作为赋税上缴政府。政府还役使大量奴隶从事矿冶，柳湿河、三黜古斯、手山三处矿冶都是契丹曷术部奴隶所开采。手山（又名首山，今鞍山）是当时规模比较大的矿冶中心。

辽代的铁冶，以冶炼坚硬的镔铁著称于世。镔铁是一种质量很高的铁，其硬度几乎相当于钢，而且辽朝很有可能已经掌握了先进的灌钢技术。辽朝每年贺宋朝正旦，用镔铁刀作贵重的礼物。

除铁以外，铜和金银冶炼也是辽代重要的矿冶业。在辽建国前，契丹人已经能用铜制作钱币了。辽中京大名城是当时具有一定规模的铜冶中心。辽人已经完全掌握了铜的冶炼工艺，当时著名的铜器制品主要有铜镜、铜洗、铜执壶、铜面具、铜佛像、鎏金铜佛龛等。辽太祖时，曾从蔚县俘掠汉族人，在泽州采炼银冶。灭渤海国后，获渤海富州银矿，改富州为银州，继续开采和冶炼。另外，辽还在阴山、顾州、都峰、大石等地都设置金、银冶，冶炼金、银。

辽朝设有专门机构管理矿冶，东京设有户部司管理当地矿冶，在阴山金矿设置山金司，管辖当地金银矿的开采与冶炼。

后唐印卖监本《九经》

后唐明宗长兴三年（932），宰相冯道、李愚请令判国子监事田敏校定《九经》，刻版印卖。

监本，是一种版本类型，是中国历代国子监雕版印刷的书本，始于五代后唐。九经是九部儒家经典，有《三礼》（《周礼》、《仪礼》、《礼记》）、《三传》（《左传》、《公羊传》、《谷梁传》）及《易》、《书》、《诗》。

后唐印卖监本"九经"，始于后唐明宗长兴三年，到后周广顺三年（953），历时22年，"九经"全部刻完。刻印监本经书，后唐为始，以后历代都有监刻经书。这对于保存古籍有积极的贡献。

辽设定斡鲁朵

辽时期，为了加强皇族权力，耶律氏政府建立了完整的斡鲁朵制度。

"斡鲁朵"在契丹语中是"宫帐"的意思。还在辽朝建立前，契丹人就过着"逐寒暑，随水草畜牧"的游牧生活，往往是整个部落帐居野外，车马为家，四处迁徙。辽朝建立后，他们继承了这种传统，并建立了与游牧民族生活相适应的斡鲁朵制度。终辽一代，从辽太祖开始，皇帝和皇后等共立有 12 个斡鲁朵。他们是：

辽太祖耶律阿保机的宫帐算斡鲁朵（算契丹语为"心腹"之义），辽太祖皇后述律平的宫帐蒲速碗斡鲁朵（蒲速碗，契丹语为"兴隆"之义），辽太宗耶律德光的宫帐国阿辇斡鲁朵（国阿辇，契丹语为"收国"之义），辽世宗耶律阮的宫帐耶鲁碗斡鲁朵（耶鲁碗，契丹语为"兴盛"之义），辽穆宗耶律璟的宫帐夺里本斡鲁朵（夺里本，契丹语为"讨平"之义），辽景宗耶律贤的宫帐监母斡鲁朵（监母，契丹语为"遗留"之义），承天皇太后肖绰的宫帐孤稳斡鲁朵（孤稳，契丹语为"玉"之义）。

辽圣宗耶律隆绪的宫帐女古斡鲁朵（女古，契丹语为"金"之义），辽兴宗耶律宗真的宫帐窝笃碗斡鲁朵（窝笃碗，契丹语为"擎息"之义），辽道宗耶律洪基的宫帐阿思斡鲁朵（阿思，契丹语为"宽大"之义），辽天祚耶律延禧的宫帐阿鲁碗斡鲁朵（阿鲁碗，契丹语为"辅佑"之义），辽圣宗之弟耶律隆庆的宫帐赤寔得本斡鲁朵（赤寔得本，契丹语为"孝"之义）。

每个时期的斡鲁朵都有自己的武装、民户、奴隶和州县。斡鲁朵的武装称为"宫卫骑军"。宫卫骑军也是辽军中的精锐部队。辽太祖称帝后，从各地挑选 2000 人组成宫卫骑军，平时担任皇帝或皇后的警卫，战时随军出征，葬后守陵。斡鲁朵的民户叫宫户，分正户和蕃汉转户两种，正户来源于契丹人，蕃汉转户来源于其他民族的人。

斡鲁朵制对加强皇权，维护耶律氏的统治起了重要作用，对后来蒙古人的斡耳朵、怯薛制度有着直接的影响。

杜光庭纳儒入道

杜光庭（850~933），字宾圣，号"东瀛子"。处州缙云（今浙江永康县）人。他是南朝道教茅山宗创始人陶弘景的八传弟子，唐末五代的著名道士、道教学者，也是进一步将道教思想义理化的代表人物。杜光庭生前著作颇丰，著名的有：《道德真经广圣义》50卷、《常清静经注》、《道教灵验记》、《录异记》、《天坛王屋山圣迹记》、《广成集》，《道门科范大全集》等等。

五代白瓷莲花式盘

杜光庭注重研究《道德经》，其道教思想最主要的特征就是以道为本，纳儒入道，调和儒道矛盾。

他继承和发展了唐玄宗时期道家吴钧的作法，在其著作《道德真经广圣义》中，集中表现了他的道教思想。他在这本书的卷三第九中说："仲尼谓敬叔曰：吾闻名聘博古而达今，通礼乐之源，明道德之归，则吾师也。"表明了他的道教思想宗旨即道儒相契合又高于儒。在同一本书中他对这一宗旨作了进一步的发挥，卷五第二十中说："仁以履虚一，礼以不恃不宰，义以柔弱和同，智以无识不肖，信以执契不争，其大旨亦以玄虚恢廓冲寂希微为宗。"从这一发挥中也可清楚地看到，杜光庭的道教思想的目的在于以道为主，融合儒道。他声称老君《道》、《德》二篇非谓绝仁义圣智，在乎抑浇诈聪明，将使君君臣臣父父子子，见素抱朴，混合于太和；体道复元，自臻于忠孝。把孔孟

之道统一于老君之道。

他的以道为主、融合儒道的宗旨，以及他将茅山家与天师道两派斋醮仪式统一起来，并加以规制化和给予义理方面的说明，均为后世道教所沿用。

契丹人与汉族人服装互相影响

辽代的契丹人具有我国古代北方少数民族游牧半游牧的特点，他们的服饰多以圆领、紧身、窄袖、长袍为其主要特点，以适应北方寒冷的气候及骑射为主的生活。他们的服饰也同样具备历来北方一些民族服装中左衽的特点，而与汉族服饰不同。

自辽太宗耶律德光入晋接触到汉族中原地区的衣冠制度后，便参照中原汉族衣冠制度制定了本朝的国服与汉服制度。本国的北面契丹官员与太后用

五代胡瓌《卓歇图》（部分）。描写契丹人歇息饮宴的情景。从中可见契丹人的服饰。

本朝的国服,本国南面的汉族官员与皇帝用汉族服饰。辽景宗耶律贤乾亨以后,北面的三品以上高级官员也开始着汉族服饰。到了辽兴宗耶律宗真的重熙以后,南北都用汉族服饰。汉族服饰对契丹人的影响之大足可一见。

契丹人服饰多种多样,色彩鲜艳。其中国服就分为许多不同种类,有祭服、朝服、公服、常服、田猎服等,而国服中的常服与田猎服则是契丹人的民族服饰。契丹人的常服为绿花窄袍,有钱人家附披貂裘以示高贵,而貂裘又以颜色分贵贱,紫黑色为贵,青色则次之。贫民家庭则穿貂毛、羊、鼠、沙狐裘,脚上穿不同种类的皮靴。妇女着袍或团衫与裙。以上所有衣服均左衽。

从契丹人官员着汉服来看,汉族服饰对契丹人服饰的影响是极大的,但这种民族间的服饰影响不是单向的,而是双向甚至多向的。汉族人的服装亦毋容置疑地受到契丹人服饰的影响。

辽五朝辖境内的燕云地区是汉人为主的地区,其服饰受契丹人的影响是自然的。《栾城集》第16卷中就有苏辙描述燕山地区汉人服饰变化的诗句。"汉人向年被流徙,衣服渐变存语言","哀哉汉唐余,左衽今已半"。

契丹服饰通过辖境内的汉人影响并传到了宋朝境内,宋仁宗庆历、宋徽宗政和、宣和年多次禁止"胡服"。

契丹人与汉人服饰的互相影响,丰富了各民族人民的经济文化生活,加速了民族大融合的进程,这是一种历史的进步。

五代十国

932A.D. 唐长兴三年 南汉大有五年 吴大和四年 契丹天显七年 吴越宝正七年

二月，后唐令国子监依西京石经本校定九经，雕版印制，官府大规模刻书自此始。十一月，后唐派人到两浙、荆湖收集唐宣宗以后野史文献。

933A.D. 唐长兴四年 南汉大有六年 吴大和五年 契丹天显八年 闽龙启元年

正月，闽王王延钧称帝，国号大闽，改元龙启。十一月二十六日，李嗣源病逝。十二月，后唐宋王李从厚即皇帝位（是为后唐闵帝）。

934A.D. 唐应顺元年 南汉大有七年 吴大和六年 契丹天显九年 闽龙启二年 后蜀明德元年

闰正月，孟知祥称帝。国号蜀，史称后蜀，建都成都。二月，后唐李从珂拒命，三月举兵东下，四月即皇帝位，改元清泰（是为后唐末帝）。

936A.D. 唐清泰三年 晋天福元年 南汉大有九年 吴天祚二年 契丹天显十一年 闽永和二年 后蜀明德三年

五月，河东节度使石敬塘上表，以幽蓟十六州为代价，换取契丹援助，叛后唐。九月，契丹军南下，大败后唐军。十一月，辽太宗册封石敬塘为帝，国号晋，史称后晋。

闰十一月，石敬塘攻入洛阳，末帝从珂自杀，后唐亡。

937A.D. 晋天福二年 南汉大有十年 吴天祚三年 契丹天显十二年 闽通文二年 后蜀明德四年 南唐升元元年

后晋迁都开封。三月，吴越王钱元瓘兄弟火并。徐知诰废吴帝杨溥，自即帝位，国号大齐。次年徐知诰改名李昪，改国号为唐，史称南唐。

938A.D. 晋天福三年 南汉大有十一年 契丹天显十二年 会同元年 闽通文三年 后蜀广政元年 南唐升元二年

石敬塘割燕云十六州与契丹。辽太宗诏以皇都为上京，升幽州为南京，南京为东京。

后唐征求唐野史

长兴三年（932）十一月，（后）唐史馆向皇帝奏报，请政府派人到两浙、荆湖搜集有关唐朝的野史资料。

后唐以唐宣宗、懿宗、僖宗、昭宗四朝实录尚未纂修，于各地购募典籍，但北方因连年战火，图书灭绝，久征而未贡献。遂征书于江南，下诏于两浙、福建，湖广采访四朝野史及逐朝日历，银台事宜，内外制词，百司沿革簿籍，不限卷数，据原本抄录上进。如果民间上交赠送的，可赏赐加爵。这个建议得到了李嗣源（后唐明宗）的批准。

唐恢复月首入阁

清泰二年（935）七月，后唐恢复月首入阁，5日一起居，君臣延英论事。

（后）唐李嗣源（明宗）即位后，力图恢复唐朝君臣议事之制，曾规定朔望入阁，5日一起居等。李从珂（后唐末帝）即位后，深以时事为忧，宰臣卢文纪建议重开延英奏事制度，则宰相有事随时奏议，不受干扰，可以尽言

五代王齐翰《勘书图》

而无所顾忌。

李从珂采纳此议，下诏 5 日起居百官俱退，宰臣独升，奏事议政。若机要事关重大，可当日听于阁门奏榜子，尽屏侍臣，不必拘泥成限。

王延钧称帝·闽国内乱

闽龙启元年（933）正月，不满足王号的闽王王延钧正式称帝即位，改国号大闽，改元龙启，并与（后）唐断绝往来，不进职贡。

王延钧为庙示与前不同，更名王璘。追尊父祖，设置宗庙。接着任命李敏、王继鹏、吴勖为枢密使等文武百官。王延钧以闽地国小僻远，常谨事周邻，境内较为安定。但不久之后，便开始大建宫殿，极土木之盛，在政治上重用向以聚敛求媚的薛文杰为国计使搜刮民财，导致建州（治今福建瓯）土豪吴光等人的叛乱。王延钧本人在信神嗜巫的同时猜忌宗室，擒杀功臣王仁达，又除掉宗子王继图，诛连多达千余人。

933 年 11 月，叛投吴国的吴光又率兵攻打建州，闽国支持不住，急向吴越求援，同时朝廷内乱，军士和百姓逼王延钧除掉薛文杰以谢国人，结果薛很快被众人殴死。自此以后吴人退兵，二国重归于好。

孟知祥据两川建国

后蜀明德元年（934）闰正月，孟知祥在成都称帝建国。

孟知祥是邢州（治今河北邢台）龙冈人，曾侍奉李克用，得其赏识。（后）唐灭（前）蜀，孟被委任驻守西川。后兼并东川董璋部，两川之地尽归其有，而知祥独霸称王之志亦复萌生。（后）唐明宗死后，孟知祥拒绝（后）唐封赐，在成都称帝，脱离（后）唐统辖。随后任命赵季良为相、王处回为枢密使下。又改元明德。（后）蜀的范围大体与（前）蜀相仿。（后）蜀官员多半是（后）唐的大小将吏。自建阃至广政二十八年（965）灭亡于北宋，前后存 32 年，历孟知祥、孟昶两代君主。

同年七月，孟知祥在位仅半年就得病而死，子孟仁赞即位，改名昶（是为后主）。昶喜打马球，择采良女充后宫；又挥霍逾制，多杀旧臣，至广政年间开始亲理政事。

蜀中刻经

后蜀宰相毋昭裔性喜藏书，酷好古文。蜀中自唐末以来，学校废绝，毋昭裔自己出百万资财建学宫。因其贫贱之时曾因借《文选》而受难，发誓如有可能当雕版印之，以赠学者。

后蜀明德二年（935）毋昭裔为宰相，即令门人句中正、孙逢吉写《文选》、《初学记》、《白氏六帖》，刻版印行。至广政元年（938），毋昭裔又于蜀中刻经，由平泉令张德钊书写，然后刻石，置于成都学宫，其中《孝经》、《论语》、《尔雅》、《周易》、《毛诗》、《尚书》、《仪礼》、《礼记》、《周礼》、《春秋左氏传》（至十七卷）等为后蜀时期所刻。入宋后又刻有《左氏传》十八至三十卷，《谷梁》、《公羊》、《孟子》以及《石经考异》等，共一百二十七万多字，称"广政石经"，或"孟蜀石经"，有拓本传于今世。毋昭裔致力于推广文化历史称蜀中，因此文学复盛。

吴越王去世

吴越宝正七年（932）三月，吴越王钱镠病故，子钱传瓘嗣位，称藩（后）唐。

本月，吴越王钱镠病逝于杭州，终年81岁。其在位时间为五代十国之最久者。钱镠的儿子传瓘即位，改名为元瓘，兄弟名"传"者皆改为"元"。元瓘并去掉国仪向（后）唐称藩，免除部分民田的税收；任命曹仲达权知政事；又设置择能院；掌选举；安置将吏，善对元老，"由是将吏辑睦"。

蒋承勋出使日本

后唐清泰二年（935）、日本朱雀承平五年九月，吴越人蒋承勋等赴日本，献羊数头。第二年九月，蒋承勋、季孟张等又至日本，为钱元瓘之使，八月二日，日本左大臣藤原忠平致书状于钱元瓘。此次蒋、季之行，为吴越与日本官方往来之始，此前为客商性质。

至后晋天福三年（938）、日本朱雀天庆元年七月，蒋承勋再次赴日本，献羊二头，八月，日本大宰府赐给蒋承勋布。

五代时期，吴越因地位东南，多有商船往日本、高丽等地通商。一般利用季节风，夏季往日本，大多经肥前国松浦郡（今日本佐贺、长崎一带）入博多津港，八九月之交返航。蒋承勋于后周广顺三年（953）又一次以吴越王使者身份出使日本，献书信、锦绮等，日本右大臣托其带致吴越王钱俶的复信。

段氏大理国建立

后晋天福元年（936）十二月末，大义宁通海节度使段思平会合三十七蛮部，自石城（今云南曲靖北）攻大理，大义宁帝杨干贞兵败出逃。天福二年，段思平建国大理，建元文德，后改元神武。以大理为都城，董迦罗为相国，高方为岳侯，分治成纪（今云南永胜）、巨桥（今云南晋宁）景地，免除东方三十七蛮部徭役。文德三年赦杨干贞罪，废为僧人。

段思平（894~944），其祖先为武威（今甘肃武威）人。世代为蒙氏南诏将领。唐玄宗时，南诏阁逻凤大败唐军，段氏因功封为清平官。段思平后晋开运元年卒，庙号太祖。段氏大理传至宋哲宗绍圣元年（1094）为高氏所废。两年后段氏复位，史称后理国，至宋淳祐十二年（1253）为元世祖忽必烈所灭。

五代白瓷盒

石敬瑭起兵灭后唐建晋

后唐清泰三年（936）十一月，石敬瑭在契丹人的庇护下即皇帝位，建立后晋政权。

后唐河东节度使石敬瑭是后唐明宗之婿，与唐末帝李从珂早年一同追随明宗，均以能征善战著称。

石敬瑭归镇回，暗中谋划自全之计，朝中有其妻晋国长公主之母曹太后打探末帝机密，末帝与臣下议事内容，石敬瑭无不知晓。石敬瑭听取掌书记桑维翰、都押牙刘知远之谋，上表称末帝为明宗养子，不应承祀，应传位给许王从益。末帝得表，削石敬瑭官爵，发兵讨河东。

后唐清泰三年（936）五月，后唐河东节度使石敬瑭反，后唐以建雄节度使张敬达为太原四面兵马都部署，义武节度使杨光远为副，率安国节度使安审琦、保义节度使相里金等驻扎于晋阳（今山西太原南）城南的晋安乡。石敬瑭见后唐大军压境，派掌书记桑维翰草拟表，向契丹称臣，并以父礼事契

丹帝耶律德光，以事成之后割卢龙及雁门以北之地入契丹的条件，争取了契丹仲秋之后倾国相助的承诺。

后晋天福元年（936）闰十一月，后晋高祖石敬瑭借契丹之力破后唐征讨大军于晋安寨，继之又于团柏谷败后唐援军。直到此时，驻跸于怀州（今河南沁阳）的唐末帝才知石敬瑭称帝，唐军大败，连忙返回洛阳。二十六日，后唐末帝李从珂与曹太后、皇后、淮王、宋审虔等携传国宝登玄武楼自焚而死。当晚石敬瑭入洛阳，后唐亡国。

吐谷浑叛契丹附晋

天福五年（940）十二月，吐谷浑不堪契丹凌虐，集体投后晋。

后晋高祖石敬瑭割燕、云十六州入契丹，居住于云、蔚（今山西北部、河北西北部桑干河流域）的吐谷浑各部也随之入契丹。吐谷浑苦于契丹的虐政思南附后晋。于是一千多帐吐谷浑部落，带车马牛羊取道五台归后晋。引起契丹的愤怒，契丹派使节指责石敬瑭招纳叛亡。

石敬瑭异常恐惧，当即调动军队将并（今太原）、镇（治今河北正定）、忻（治今山西忻县）、代（治山西代县）4州山谷的吐谷浑人送还契丹。但另一方面（后）晋领将李德珫派兵护送吐谷浑酋长白承福入朝，石氏暗地接纳。

次年十月，（后）晋河东节度使刘知远遣将郭威说服吐谷浑绝弃痛恨契丹的成德使安重荣，将白承福属部安置在太原东山及岚（治今山岚县北）、石（治山西离石）之间，表任白承福为人同节度使，收其精骑隶属麾下。至开运三年（946）八月，契丹南侵后晋，刘知远疑心吐谷浑叛归契丹，又利其财富，于是诬承福等5族谋叛，调兵围杀。吐谷浑由此而衰微。

五代南唐男舞俑

徐知诰称帝建唐

吴天祚三年，南唐升元元年（937）八月，吴主禅位徐知诰，十月称帝，国号唐（史称南唐）。

徐知诰在徐温死后，排除异已，专掌国政，早有代吴之意，吴太和五年（933），就曾听谋主宋齐丘之策欲迁吴王都金陵，为吴王所罢。为谋禅代，徐知诰于太和六年幽吴临川王杨濛于和州。至吴天祚元年（935）十月，吴加徐知诰尚父、太师、大丞相、天下兵马大元帅，进封齐王，以升、润、宣、池、歙、常、江、饶、信、海十州之地为齐国。几乎相当于吴国一半的版图。次年正月，徐知诰即建元帅府，设官职。十一月，吴又诏其置百官。以金陵（今汀苏南京）为西都。天祚三年正月，徐知诰建齐国，立宗庙、社稷，改金陵府为江宁府，牙城称宫城，厅堂称殿，百官多如天子之制，设骑兵八军，步兵九军，如国中之国。二月吴正式册命其为齐国王。三月，徐知诰改名徐诰，以示与养父徐温诸子相区别。其取吴而代之的谋略步步实现，距正式禅代已为时不远。本年八月，吴主杨溥下诏禅位。十月徐即位称帝（南唐烈祖），改元升元。后复本姓李，名昪。宫室、乘舆、服御、宗庙、正朔、徽章、服色悉如吴制。其版图袭吴并有所扩展。自建国历李昪、李璟、李煜3代，开宝八年（975）灭于（北）宋，存38年。

石敬瑭对契丹称儿皇帝

后晋天福三年（938），契丹天显十二年八月，后晋高祖石敬瑭以冯道为太后册礼使，刘煦为契丹主册礼使，备卤簿、仪仗、车辂往契丹上尊号于契丹皇帝耶律德光、太后述律氏，十一月，至契丹。石敬瑭于契丹奉表称臣，称耶律德光为"父皇帝",自称"儿皇帝"。每年入贡金帛三十万之外,所进珍玩不绝于途,贿赂契丹上下群臣。同年十一月,后晋又派遣赵莹献幽、蓟十六州及图籍于契丹。

董源创江南山水画法

南唐时活跃在江由的董源,取南方山川丰茂秀润、葱笼浓密的特质,融汇唐人青绿和水墨技法,独辟蹊径,创造水墨、色彩并用,披麻皴和苔点相结合的画法,开创江南山水画派。董源宁叔达,钟陵(今江西进贤西北)人,南唐时任北苑副使,世称董北苑。他的传世作品有《夏山图》、《潇湘图》、《夏景山门待渡图》、《磎岸图》、《寒村重汀图》、《龙袖骄民图》,代表了董源江南山水的风貌。

在《夏山图》中董源一变钩斫之法,使画境达到平淡天真,不装巧趣。这图应属水墨画,但个别地方曾用轻微色彩加染。画的是一片冈峦重叠,烟树沙碛的景致,其间点缀一二人物,一眼看去画面给人开阔辽远的感觉,难得的是这幅图画结构又十分严密紧凑,画幅下部利用山坡丛树的起伏,顶部利用远山覆盖于冈峦之上的隐显,使章法本身组成既有规律又有变化的节奏,

董源《夏山图》(部分)

董源《夏景山口待渡图》（部分）

中部一带沙碛冈峦间的空间，在视觉上造成一种辽阔的气势。树木虽短小，但因沙碛的空间感而见其高大；冈峦虽重叠，却因远山的牵引而不感到阻隔。在艺术手法上值得注意的足以平直横埂的沙堤，来带起球面叠起的冈峦，画面布局极繁密又见单纯，似平淡而见变化。

　　《潇湘图》和《夏景山口待渡图》的皴染比《夏山图》显得工致，《潇湘图》水墨清润而气度深厚，《夏景山口待渡图》深茂而朴实，在对自然景象的写照上，精致真实高于《夏山图》，但艺术上的抽象简练、气势的雄伟苍郁，则当推《夏山图》为第一。

　　从《潇湘图》看，董源的创新发展是多方面的，山的表现除取江南幽润清深的峰峦树石外，还采用了独特的皴法。山势从卷首而起，花青运墨勾皴，渐至层峦叠嶂，愈深愈远。为了表现透视深度，山峦上的小土丘自近至远由大渐小，由疏渐密，墨点也有疏密渐淡的变化，斑斑驳驳，显出密密杂杂的远树势态，在用墨彩渲染时又在山凹得当处留出了云霭雾气，造成迷蒙淡远

061

乱世天下

董源《龙袖骄民图》

之感。

在《龙袖骄民图》中，董源所绘山石，是用长披麻皴，以中锋笔从上而下左右拨拂，线条的方向大致相同，而时常交叠起来，样似披梳苎麻成绺，矾头则通过空心点皴，表现得草木蒙茸，披麻皴和矾头画法都是从董源开始才大量使用的。董源在王维"清润"之境的基础上，吸取李思训设色之巧于用墨，深得妙处。

董源对后世影响显著的，是水墨矾头披麻皴这种风格的源头。他的作品深深影响了南唐山水画家巨然。他的画风迥异于北方画派，以无数点线来表现山的轮廓，并以水墨烘晕来突出它，精工生动，开启了江南山水画派。

五代十国

943A.D. 晋出帝石重贵天福八年 南汉光天二年 刘晟应乾元年 乾和元年 契丹会同六年 闽永隆五年 殷王延政天德元年 后蜀广政六年 南唐昇元七年 中主李璟保大元年

二月，唐主昇死，子璟嗣，是为中主，逾月，改元保大。闽王延政称帝于建州，国号殷。三月，南汉晋王刘弘熙杀其主刘玢，称皇帝。

944A.D. 晋天福九年 开运元年 南汉乾和二年 契丹会同七年 闽永隆六年 殷天德二年 后蜀广政七年 南唐保大二年

闽将来文进杀其主王曦，自称闽王。后蜀王孟昶作春联，中国春联开始。

946A.D. 晋开运三年 南汉乾和四年 契丹会同九年 后蜀广政九年 南唐保大四年

八月，晋败契丹于燕长城北。十一月，契丹大举攻晋。十二月，杜威等降于契丹，契丹主遣降将张彦泽先取开封，晋帝降。

947A.D. 晋开运四年 汉高祖刘暠天福十二年 南汉乾和五年 契丹会同十年 辽大同元年 世宗天禄元年 后蜀广政十年 南唐保大五年

正月，契丹主耶律德光入开封，废晋帝为负义侯。二月，契丹主耶律德光服汉衣冠，受百官贺，改国号为辽，改元大同。刘知远称皇帝于大原，称令所在诛契丹人。六月，刘知远至汴州，仍以州为东京，开封府，定国号曰汉，是为后汉高祖。契丹主兀欲囚其祖母述律太后，改元天禄，自称天授皇帝，是为辽世宗。

950A.D. 汉乾祐三年 南汉乾和八年 辽天禄四年 后蜀广政十三年 南唐保大八年

隐帝杀大臣杨邠、史弘肇、王章等，又遣人赴邺都杀郭威，威引兵趋东京．隐帝亲御之，为乱兵所杀，威入东京，立高祖姪武宁节度使刘赟为皇帝，遣使迎之，嗣杀之。

945A.D.
阿拉伯哈里发阿尔·穆斯达费任命阿穆德·伊本·布未为总司令·突厥禁卫军望风而逃，于是大权又入于布未族之手，史称布未希德朝（945~1055）。

闽王兄弟相攻

闽永隆元年（939）王曦即帝位后，骄淫苛虐，猜忌宗亲，并派亲信业翘到建州（今福建建瓯）监视其弟刺史王延政。永隆二年正月，因业翘上告王延政谋反，王延政要杀他，吓得业翘逃入南镇。王延政发兵攻打南镇。王曦亦派 4 万兵马攻打王延政，这样早已有矛盾的兄弟俩终于刀兵相见，互相攻伐。后来南唐李昪派人进行斡旋，使王延政、王曦在先帝王审知陵前盟誓和好，但实际上兄弟之间相互猜忌则依然如故。四月，王曦怀疑汀州（今福建长汀）刺史王延喜与王延政相勾结要造反，于是把王延喜抓到了福州。六月，又赐泉州刺史王继业死，并诛杀了与其友善的司徒兼门下侍郎杨半沂。七月，王曦自称为大闽皇，并兼威武节度使，开始与王延政互相攻战，各有胜负，以至福州，建州之间尸骨遍野。到同年十月，王曦正式即大闽皇帝位，王延政与其对抗自称兵马元帅。永隆四年六月，王氏兄弟之间又发生恶战。闽富沙王王延政自建州攻打汀州，闽帝发漳州和泉州 5000 兵力救汀州之围，并派军队入尤溪、屯尤口以便乘机攻取建州。王延政大败王曦军队于尤溪口，败军逃回福州。闽帝已无能为力，只好于同年八月派特使持手诏及大量金钱财宝向王延政求和，但王延政并不接受，其后王氏兄弟继续进行着持久的争斗。

大殷建国

闽天德元年（943）二月，闽王廷政称帝，建国大殷。上曦自称大闽皇帝时，富沙王王延政亦不甘落后，便自封为兵马元帅。但是王延政并不满足，于是于本月在建州（今福建建瓯）称帝，国号为入殷，并任命杨思恭为仆射、录军国事。在备置百官之后，大殷国正式建立。

但是殷国地域面积狭小，百姓本来就非常贫穷，加之战乱不息，就更加水深火热、民不聊生了。王延政的宠臣兵部尚书杨思恭是个贪赃枉法的奸臣，以搜刮民脂民膏、聚敛不义之财著称，他大幅度增加田亩山泽之税赋，以至于鱼、盐、蔬果无不加倍征税，国人称之为杨剥皮，百姓们对此怨声载道。

安重荣被杀

天福七年（942）正月，后晋成德节度使（治镇州，今河北正定）安重荣被杀。安重荣原为后唐将领，石敬瑭与后唐交战时，安重荣自代北率千骑投河东。后晋开国后，石敬瑭便封赏他为成德节度使。安重荣出身行伍，性格粗犷、爽直，对晋高祖石敬瑭向契丹自称儿皇帝的行径深以为耻，因此见到契丹使节或是不加礼遇，或是派人暗杀。晋天福六年（941）六月，安重荣把契丹使者拽刺抓了起来，并上奏表痛斥石敬瑭讨好契丹、竭尽中原财力取媚外族主子的行径，又给当朝权贵及各镇写信，声言与契丹决一死战的决心。九月，安重荣下令杀掉了契丹使者。十二月，安重荣召集数万饥民向邺都（今河北人名东北）进发，后晋派天平节度使杜重威为招讨使出击迎敌。两军在宗城（今河北威县东）西南相遇，安重荣布下偃月阵，晋军无法破阵。杜重威于是想后撤，指挥使王重胤则建议以精壮士兵攻击对方侧翼，自己则率军攻其中军。此计果然奏效，晋军大胜，杀敌15000人。安重荣退而想保宗城，但晋军乘胜追击，当夜便破城，安重荣只得与十几人逃回镇州。当时天寒地冻，成德军队阵亡及冻死者愈20000多人。到天福七年正月，晋军终于夺取镇州，安重荣被斩首。后晋皇帝石敬瑭为讨好主子，便把安重荣首级上漆函送给了契丹。

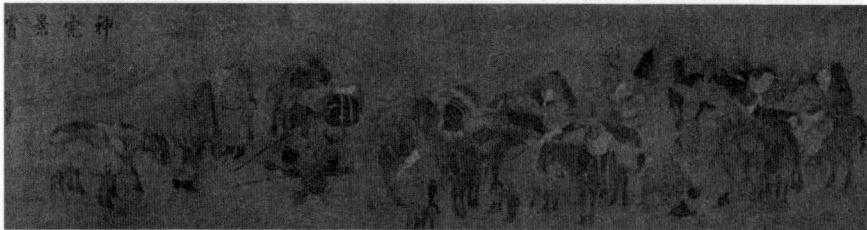

五代胡瑰《卓歇图》。作品描写契丹可汗率部下骑士出猎后歇息饮宴的情景。

石敬瑭忧死

后晋天福七年（942），后晋高祖石敬瑭因安置吐谷浑南归一事多次遭到契丹的斥责，惶惶不可终日，终于忧郁成疾，于六月十三口去逝，终年51岁。

石敬瑭在病重之际将幼子石重睿托付给冯道，希望他辅佐石重睿为帝。可是待石敬瑭死后，冯道却与天平节度使、侍卫马步都虞侯景延广商量，认为国家多难，宜立长君，便奉广晋伊、齐王石重贵为皇位继承人。石敬瑭病死当天，石重贵即帝位，是为晋出帝。景延广因为于晋帝有大功，开始志得意满，居功自傲，并参予国家大事。此外，本来河东使刘知远奉遗诏要入朝辅政，但是被晋出帝石重贵阻止了，从此刘知远与新君的关系便罩上了一层阴影。同年底，晋出帝打算向契丹通报晋高祖石敬瑭的死讯，便召集群臣议事。景延广认为高祖在位时曾对契丹称儿皇帝，所以现在对契丹可以自称孙皇帝而不宜称臣。宰相李崧则认为如此称谓有辱国格和天子威严，最多只能向其称臣而已。晋出帝见群臣争执不下，各执一辞不相让，自己一时也没了主见。最后因害怕时间拖得太久得罪契丹，晋出帝终于采用了景延广的意见，并派使者送信至契丹通报后晋易主一事。辽太宗耶律德光闻报勃然大怒，派使节责备晋帝，竟敢未事先通报契丹便即帝位。两国关系由是更加紧张。

契丹大举攻晋

晋出帝石重贵即位后，后晋与契丹关系日趋紧张，两国矛盾不断。天福八年（943）十二月，契丹多次集兵南扰后晋。这时，后晋的平卢节度使杨光远私通契丹。于是契丹调幽州、云州等5万大军南侵后晋，并抚慰杨光远说："若得之，当应汝为帝。"后晋同时亦加强边防以大军防备来犯之敌。第二年正月，契丹东路军攻陷贝州（今河北南宫东南），杀死晋军万余人，然后契丹先锋军又直扑黎阳（今河南浚县东）；其西路大军则直入雁门关（故址在今山西雁门关西雁门山上），并攻打太原。晋出帝见势不妙，乃修书信与契丹，要求讲和，但契丹不答应。晋出帝只得派河东节度使刘知远、右武卫上将军张彦泽率军迎敌。同年二月，契丹军又从马家口渡河欲攻打郓州（今山东东平西北）与杨光远接应。晋将李守贞、皇甫遇等领万员兵力沿黄河水陆并进至马家口，破契丹营地，契丹军大败，数千骑兵逃亡时溺死河中，另有数千人被俘斩。这一战，逼使契丹军不再东渡黄河，而只限于河北作战。三月，契丹主亲自领兵 10 万攻晋澶州（今河南濮阳南），苦战中两军死者不可胜数，契丹遂北归。杨光远也于十二月败死。开运二年（945）二月晋出帝领兵亲征，大举攻契丹，并于三月大败契丹于阳城。六月，后晋遣使至契丹请和，但因契丹主想割镇、定两道而未能达成协议。

南唐前主食丹药死

南唐升元七年（943）二月，南唐前主李昇去世，李景通继位，更名璟，改元保大，即南唐中主。

李昇长期治理吴政，是个干练的政治家，深谙治国安邦之道。南唐建国以后，百业待兴，李昇深知农业经济的发展对国计民生的重要意义，为了鼓励发展生产，他规定按土质的优劣程度分配田地以及征收税额，江淮一带调兵和赋敛也一律根据税钱计算。同时，还规定，为国捐躯的将士家属享受朝廷供给的 3 年俸禄。而且李昇本人生活上非常节俭朴实，一点不像一般帝王在吃穿住行上奢华浪费，追求享乐，所以南唐的政治颇为稳定。尽管李昇在政治上是个很有作为的君主，然而他为了长寿嗜食丹药，最后终因服食丹药中毒而亡，享年 56 岁。

李璟即位后，立即宣布天下大赦，并立妃钟氏为皇后。

契丹灭晋

后晋开运三年（946）十二月，契丹灭晋。契丹在开运元年（944）初进攻后晋受阻北撤，但其南下之心却未曾稍减过。同年底，契丹又大举攻晋，

晋出帝下诏亲征，全国动员，并于开运二年（945）三月大败契丹于阳城。同年，契丹不断对后晋进行军事试探。六月，契丹利用晋人孙方简进入定州。七月，后晋枢密使李崧，冯玉得到契丹卢龙节度使赵延寿有意回归中原的消息，深信不疑，便命天雄节度使杜重威写信给赵延寿，赵复信表示想回归中原，希望后晋发兵接应。随后，后晋天平节度使李守贞

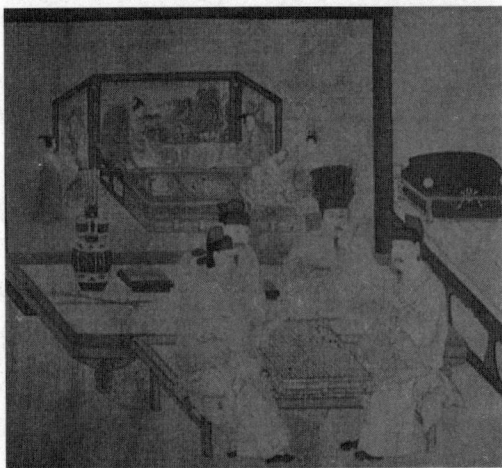

五代周文矩《重屏会棋图》。图中为李璟。

在长城以北打败契丹骑兵；河东击退了契丹3万兵力的进攻；彰德节度使张彦泽于定州以北、泰州（今河北清泰）打败了契丹。此时，契丹瀛州（今河北河间）刺史刘延祚致信后晋乐寿（今河北献县）监军王峦，说城中契丹兵力不足，且契丹主耶律德光已北归，若后晋攻城，自己愿为内应。王峦、杜重威对此也深信不疑，因此多次奏请乘此良机攻取瀛、莫（今河北雄县南）二州。李崧、冯玉也准备发大军迎赵、刘南归。十月，后晋以杜重威为北面行营都招讨使，李守贞为兵马都监，率大军从广晋（今河北大名东北）向北进发。由于夏秋多雨，行军与运输十分困难，且杜重威屡次请求增兵，后晋便倾所有禁军归杜指挥，致使都城防守空虚。十一月中旬，后晋大军到达瀛州，城门大开，后晋军反而不敢入城。杜重威派梁汉璋率2000骑兵追击契丹军，梁战死，晋军南撤。此时，耶律德光率军大举南下，从易州（今河北易县）、定州直奔恒州（今河北正定），后晋大军闻讯，准备取道冀州（今河北冀县）、贝州（今河北清河西）向南进发。

后晋天福元宝钱

彰德节度使张彦泽就在此时从恒州领兵而至，向杜重威等说明契丹的形势，认为可以取胜，于是杜重威便率大军回往恒州，并以张彦泽为前锋军。待晋军

到恒州以南滹沱河中渡桥时，桥却已被契丹所占，契丹焚桥而退，与晋军形成夹河对峙之势。契丹原本怕后晋军强渡过河，从而与恒州城内外夹击自己，因此想撤退，没料到后晋军不敢交战竟隔河扎营，于是契丹派肖翰从后面切断了晋军的粮道与退路。十二月初，后晋大军与朝中联系被完全切断，后晋奉国都指挥使王清请战，率2000步兵夺桥开路，并多次请求后援，但杜重威按兵不动，结果王清全军覆没，后晋各路军队士气由此丧失怠尽。十二月初八，契丹将晋军完全包围，晋军与外界失去联系，粮食也已吃完。杜重威等暗怀异心，并派人暗中往契丹耶律德光营中请降。初十，杜重威设伏兵胁迫诸将在降表上签名，并命全军列阵，后晋士兵还以为是要与契丹决战，于是个个跃跃欲试，等得知要投降，全军恸哭之声振天动地。杜重威降后，恒、代、易三州也先后投降契丹。十二月十七日，契丹攻至大梁（今河南开封），晋出帝想点大火与后宫一起自焚，但被亲军将领薛超阻止。晋出帝只得开宫城门，向契丹大军投降，后被囚于开封府。后晋由此灭亡。到次年正月初一，耶律德光进入大梁，封晋出帝为负义侯，并迁至黄龙府（今吉林农安）。

南唐灭闽

南唐保大三年，闽天德二年（944）八月，南唐攻克建州，王延政投降，闽亡。

前一年，闽拱宸都指挥使朱文进、闸门使连重遇杀死闽景帝王曦后，朱文进于福州自称闽王。然而朱氏政权并未能赢得支持，全国政局动荡不安，部下投靠殷国王延政甚多，同时王延政又乘机进逼福州。同年十二月，朱文进被小吏林仁翰所杀，福州尽归王延政所有。次年正月，王延政改原国号殷为闽，仍建都在建州，改福州为南都。

闽国自王曦、王延政兄弟先后称帝，该国一分为二，相互攻伐，已耗损惨重。前一年底，南唐翰林待诏臧循、枢密副使查文徽了解到闽地又政治动乱，便策划乘机夺取建州。南唐中主李璟命查文徽视情况而定。查文徽等到信州（今江西上饶）进行活动，调查到确凿情报后回报李璟说，只要出兵就一定能取胜。于是南唐派边镐领兵跟从查文微去伐殷。查文徽等率大军到建阳南时，得知闽国的汀、泉、漳三州均已投降殷国，且殷将张汉卿率兵即将到来，于是决

定退守建阳。不久，臧循的军队被殷军击败于邵武，臧循被俘后在福州处斩。同年二月，查在文徽请求李璟派兵增援，后唐于是又派何敬洙率千人助战攻打建州。此时殷国王延政已统一闽地，仍号闽，并派杨思恭、陈望等率领万余名兵马迎敌，双方对峙了10几天不战。杨思恭轻敌，不听陈望意见，并强迫他出击，结果为南唐军所败，陈望战死。王延政一面据守建州，一面从泉州调兵增援，但泉州援军亦为南唐军击败。至七月，南唐边镐攻下镡州，王延政只得奉表向吴越称臣，恳求吴越出兵。然而到八月，南唐在困城近半年后，终于破城。

王氏自唐末据有福建以来，至此终于为南唐所亡。但南唐军队却在此地烧杀大掠一番后建置了永安军，闽人本指望通过迎接南唐军来改变困境的希望随之落空。

契丹建国号辽

大同元年（947）二月初一，契丹建国号辽，改元大同，以镇州（今河北正定）为中京。前一年十二月，契丹大军前锋军在原后晋降臣张彦泽的率领下攻陷后晋首都大梁（今河南开封），晋出帝降契丹，后晋亡国。次年正月初一，契丹帝耶律德光率后续大队人马进入大梁城，废去东京并降开封府为汴州。然后耶律德光发布诏书给原后晋各藩镇赐名，原后晋藩镇于是争先恐后上表向契丹称臣，以免为契丹所灭。但是，泾州彰义节度使史匡威却不吃这一套，坚决不受契丹的统治。另外，雄武节度使何重建甚至还把契丹派来的使者杀掉，然后率领秦、阶、成（今甘肃秦安西北、成县、武都县东南）等三州投降了后蜀。原后晋密州刺史皇甫晖、棣州刺史王建则率众逃奔南唐去了。河东节度使刘知远也上表契丹，假意祝贺其取得汴州，实际上是虚以应付、以观形势变化。南唐还专门派特使来朝祝贺契丹灭晋。

大同元年（947）二月初一，契丹主耶律德光着汉人衣冠，登正殿，受百官朝贺，全国大事庆典，辽国建立。是为辽太宗。

契丹北归

辽太宗大同元年（947）三月，契丹北归。

契丹灭晋后，曾想长久地占领中原，然而未能实现，因其残暴的统治激起中原人民的反抗。同时，刘知远称汉帝，中原有主，各地势力暗中集结，反契丹力量越来越壮大，并发生了赵晖、王守恩等多次武装抗争。契丹见据守困难，遂生北归之意。同月，辽太宗耶律德光以中原人难以治理为由，决意撤离大梁北返，然后以其兄肖翰为汴州节度使，自己率文武百官及大军从大梁出发。这时辽准备北运的铠仗在河阴（今河南郑州北）被负责押运的武德行等抢走，并杀死契丹监军，占据河阳（今河南孟县）公开反叛辽国。耶律德光在北归途中得知河阳之乱后，叹息道，我有三处失策，活该天下叛我，一失为诸道括钱，二失为令契丹人打草谷（即以牧马为名四处剽掠），三失为不早遣各节度使还其藩镇。四月，耶律德光在北归途中得病，暴死于杀胡林（今河北藁城西南）。当时正值盛暑，为防尸腐，随从们剖开其腹，盛上数斗盐，载之北去，中原人称之为"帝耙"。这时汉人赵延寿自称受皇帝遗诏，要统领南朝军政大事，但旋即被耶律兀欲发动政变推翻，兀欲遂在耶律安搏与南、北院大王耶律吼、耶律斡等的拥戴下即皇帝位（是为辽世宗），继续北归。兀欲即位引起述律皇太后的强烈反对，于是她于六月另立辽太祖之子耶律李胡为帝，发兵拒辽世宗一行，但最后兀欲控制住了局势。闰七月，辽世宗返回上京（今内蒙巴林左旗南），述律太后和耶律李胡投降，辽世宗把述律太后幽禁在辽太祖陵墓处。同时，自称天授皇帝，并改元天禄，大赦天下。

楚权易手

后汉天福十二年（947）五月，楚王马希范去世。当时楚国大臣因继立之事分为两派，都指挥使张少敌、都押衙袁友恭认为马氏诸子中武平节度使。知永州事马希萼年纪最长，应该立长子继位，否则难免不生事端；而长直都

指挥使刘彦韬等则以前主喜爱为由认为应立马希萼之弟武安节度副使、领镇南节度使马希广为主。由于马希广性格怯懦，不能自决，刘彦韬等人于是假称有马希范的遗命，终于拥马希广即位。七月，后汉以马希广为天策上将军、武安节度使、江南诸道都统兼中书令，封楚王。同年八月，马希萼从永州（今湖南零陵）来长沙奔父丧，被刘彦韬阻止入见。乾祐二年（949）八月，马希萼调水军进攻马希广失败。马希萼又聚集大量蛮兵和本部兵马，继续向长沙进攻。次年九月，马希萼上表请后汉支持自己攻打马希广，但遭拒绝，马希萼一怒之下投奔南唐，请其出兵攻楚。十一月，马希萼调动境内所有军队攻打长沙，并自称为顺天王。同年底，长沙被攻陷，马希广被杀，而马希萼继位为楚王。

刘知远称帝建汉

辽大同元年（947）二月，原后晋河东节度使刘知远在辽灭后晋之后，以中原无主为由在太原即皇帝位，但不改晋国号，仍以当年为天福十二年。至六月，改国号为汉，是为后汉高祖。

刘知远（895~948），即位后改名为刘暠，沙陀部人。后唐明宗时，在河东节度使石敬瑭部下任押衙，石敬瑭密谋河东称帝时，刘知远也出点子，但对石敬瑭向契丹称儿、称臣、割地、输财的做法却很有异议，认为父事契丹太过分了，每年输金帛以邀契丹发兵即可，不必割地，否则以后必为中原大患。但这些建议不为石敬瑭所采纳。后晋建国

刘知远像

后，刘知远先后任陕州、许州、宋州节度使，邺都、北都留守，天福七年（942）被封为北平王，但是他却颇受后晋高祖石敬瑭的猜忌。刘知远在河东杀吐谷浑部白承福等，没收其精兵、财产，以至于后来河东成为诸藩镇中最富强的

一个。契丹人肆进攻后晋的时候，河东为了自保，并不出兵援助后晋朝廷，因此刘知远的实力丝毫未受损失。契丹灭晋后，刘知远还留派特使上表祝贺，实则虚以应付，同时固守太原，扩充军队实力。刘知远称帝后，辽太宗耶律德光因中原人民反抗甚烈而北归，刘知远便乘虚挥兵攻入大梁（今河南开封），再以汴州为东京，改国号为大汉（史称后汉），同时立魏国夫人李氏为皇后，文武百官各有安置。后汉统辖区域与后晋差不多，历刘知远、刘承祐（后汉隐帝）二帝，仅存4年，是五代十国期间最短命的王朝。

刘弘熙残虐

　　南汉中宗刘弘熙自应乾元年（943）弑兄自立以来，对诸王们非常猜忌，唯恐他们会谋反夺自己的帝位。当年五月，循王刘弘杲请求杀刘思潮等人以顺民心，刘弘熙未准许。刘思潮知情后，反而设计潜杀了循王刘弘杲。到乾和二年（944）三月，刘弘熙派其弟中书令、都元帅越王刘弘昌前去谒陵，中途却派人暗杀了他。当年又把其弟齐王刘弼幽禁在府第中，并毒杀其弟镇王

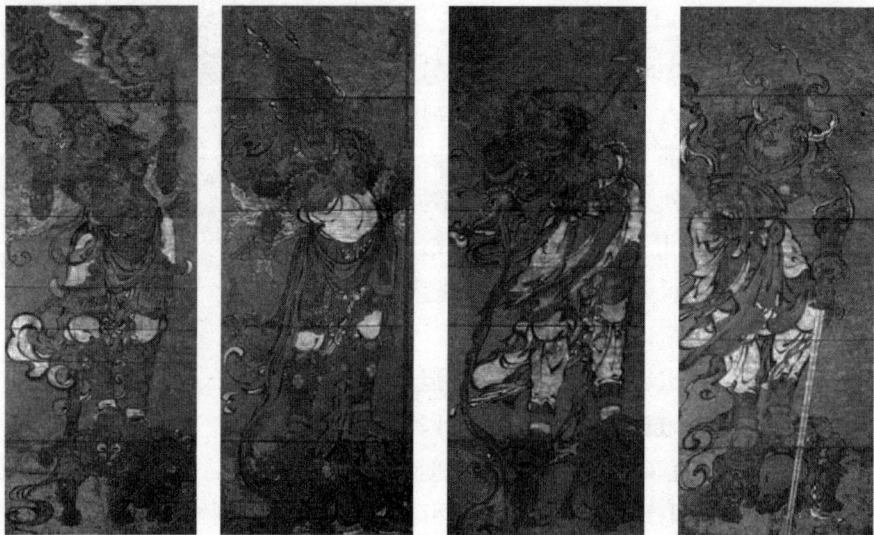

五代四大天王木函彩画

刘弘绎于任所。乾和三年（945），又杀其弟韶王刘弘雅。最后，刘弘熙甚至对当初因参与弑兄夺位有大功的刘思潮等四力士也不放心了，于是随便找个借口，把他们都杀了。左仆射王翻因为当年曾建汉南议高祖刘龑立越王为嗣，于是被刘弘熙贬为英州刺史，还未到任就被杀于途中。这样一来，南汉朝野上下人人自危，无以自保。曾与刘思潮等人一同弑殇帝的陈道庠得知刘思潮等被杀后，心中非常害怕自己哪一天不小心得罪了中宗，也会步刘思潮后尘。这时邓伸送给他一部《汉纪》，陈道庠不明就里，邓伸告诉他其中有汉高祖刘邦功成之后诛杀韩信、彭越之事，让他好好看看。此事后来传到刘弘熙耳朵里，结果陈、邓二人均被全家抄斩。到乾和五年（947）九月，杀人成性的刘弘熙深恐诸弟及其子们与自己争夺帝位，于是竟然在同一天疯狂地将齐王、贵王、定王、辨王、同王、益王、思王、宜王及其子全部杀尽，其残暴之举震惊朝野。刘弘熙还在离宫中设置镬汤、铁床、剐剔等刑具，号称"生地狱"，残虐无比。

后汉三镇连叛

乾祐元年（948）三月，据守河中的节度使李守贞举兵反叛后汉朝廷，同期先后一起谋反的还有京兆牙兵军校赵思绾和凤翔（今陕西凤县北）巡检使王景崇等。李守贞本是后晋将领，晋出帝末年与杜重威一起在北方抵御契丹，随后降附。后汉立国后，刘知远委任李守贞为河东节度使。等刘知远死后，杜重威被杀，李守贞见继位的皇帝年幼，执政的人都是后起之辈，于是开始轻视朝廷。不久，李守贞便打起反对后汉的旗帜，自己自称秦王，并任命

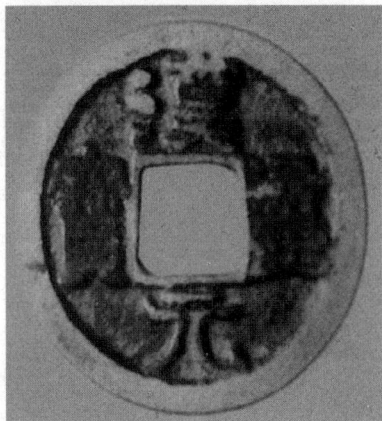

汉元通宝钱

赵思绾为晋昌节度使，同时还私通契丹和蜀等国，企图获得别国支持而使自己的反叛合法化。

后汉朝廷闻知李、赵、王三镇联合起兵造反，立刻调派数路主力大军讨

伐叛军。但是讨伐河中李守贞与讨伐长安赵思绾的将帅不和，导致久不肯攻战。到八月，后汉命郭威为西面军前招慰安抚使，节度诸军。郭威听取镇国节度使扈从珂的建议，以李守贞为首要征讨对象，认为李守贞一亡另两镇自然可破。于是郭威将后汉大军兵分二路，从陕州（今河南陕县）、同州（今陕西大荔）、潼关分道进攻河中。到河中后，挖长壕筑连城，将河中紧紧包围，自己则以逸待劳，只沿河设哨卡，李守贞虽几次想突围，都未成功，其援兵亦被后汉军击退。经过一年之久的鏖战，终于使李守贞无法支持。乾祐二年七月城内粮尽后，李守贞与妻子、儿女一起自焚而死。在此之前，赵思绾被杀，王景崇也早已投降后蜀，并在同年底当后汉军急攻凤翔时自焚而死。至此，后汉三镇叛乱全部平定。

郭威灭汉

乾祐三年（950）十一月，郭威叛变，后汉政权垮台。

郭威（904~954），字文仲，邢州尧山（今河北隆尧）人，十八岁从军。后晋末，曾帮助后汉高祖刘知远建国，任枢密副使。汉隐帝时任枢密使，负责征伐之事，并平定河中、永兴、凤翔三镇叛乱。本年四月以枢密使之职作为邺都留守。郭威于显德元年（954）正月病世，庙号高祖。

后汉建国后，文臣武将们相互蔑视对方，经常借故闹出争端，将相们日益水火不能相容。且隐帝年纪渐大，不愿再受制于大臣。于是本月，隐帝乘上朝之际以谋反罪诛杀了平日飞扬跋扈的大臣杨邠、史弘肇、王章，然后又派人秘密赶往邺都（今河北大名东北），令邺都行营马军都指挥使郭崇威、步军都指挥使曹威杀邺都留守、天雄节度使郭威及监军王峻。郭威闻讯后，立刻举兵南下澶州（今河南濮阳）、滑州（今河南滑县东）。隐帝亦派军赶往澶州。二十日，南北两军在开封北郊刘子坡相遇，后汉将领轻敌，为郭威军大败，南军士气受挫，多归顺北军。汉隐帝与宰相苏逢吉等亲临阵前督战，大军依然被郭威击溃。逃散途中，苏逢吉自杀，而隐帝则为乱军所杀。郭威攻入汴州，纵容军队入肆掠夺。接着郭威假借后汉太后的名义，立后汉高祖之侄、河东太守刘崇之子武宁节度使刘赟为帝，并请太后临朝听政。

五代赵幹《江行初雪图》（部分）

　　不久，辽军南侵，后汉太后派郭威率军前去抵敌。郭威大军行至澶州时，数千将士鼓噪起来，将黄旗披在郭威身上，要拥其为皇帝，当时四下呼喊万岁的声音惊天动地。于是郭威又率全军返回东京（今河南开封），后汉百官均出城迎接，并劝其登基为帝。于是，郭威废刘赟为湘阴公，自己凭后汉太后的诰命任监国。次年正月，后汉太后被迫下诰书，授与郭威皇帝玉符，郭威即位（是为后周太祖），国号周，改元为广顺。后汉由是灭亡。

951~959A.D.

五代十国

951A.D. 周太祖郭威广顺元年 南汉乾和九年 辽天禄五年 穆宗耶律前应历元年 后蜀广政十四年 南唐保大九年 北汉世祖刘崇乾祐四年

正月，郭威即帝位，国号周，是为后周太祖。

汉高祖弟崇称帝于太原，是为北汉世祖，遣使结契丹攻晋州，败还。

九月，契丹主兀欲义发兵，燕王述轧杀之于火神淀，自立为皇帝，部众旋杀述轧，奉耶律德光之子述律为主，改元应历，更名明，是为穆宗。

953A.D. 周广顺三年 南汉乾和十一年 辽应历三年 后蜀广政十六年 南唐保大十一年 北汉乾祐六年

后蜀相毋昭裔出私财兴学，刻版印九经。唐长兴三年所刻九经至是亦成。六月，契丹知卢台军事张藏英降周。湖南将王逵图代刘言，于二月诱杀言将，至是自将袭取朗州，囚言，寻杀之。

954A.D. 周世宗郭荣显德元年 南汉乾和十二年 辽应历四年 后蜀广政十七年 南唐保大十二年北汉乾祐七年

周太祖死，养子柴荣嗣，是为世宗，旋改元显德。二月，契丹、北汉连兵攻潞州，败周兵；三月，周帝自将御之，大败之于高平，乘胜进围太原。

955A.D. 周显德二年 南汉乾和十三年 辽应历五年 后蜀广政十八年 南唐保大十三年 北汉刘钧乾祐八年

五月，废非敕额寺院，禁私度僧尼。是岁寺院存者二千六百九十四，废者三万三百三十六，存僧四万二千四百四十四、尼一万八千七百五十六。

957A.D. 周显德四年 南汉乾和十五年 辽应历七年 后蜀广政二十年 南唐保大十五年 北汉天会元年

周帝亲攻南唐。

959A.D. 周显德六年 南汉大宝二年 辽应历八年 后蜀广政二十二年 北汉天会三年

赵匡胤为殿前都点检。

周世宗死，子宗训嗣，是为恭帝。

955A.D.

基辅女摄政奥列加皈依基督教，但人民仍奉"异教"。

郭威称帝建国

951 年，后汉枢密使侍中郭威杀刘赟，自己即皇帝位，改国号为周（史称后周），建元广顺，定都大梁。郭威就是后周太祖。

周太祖自己出身微寒，颇知下民疾苦。所以后周初立，他励精图治，革除了一大批不合理的税课、刑法，使政局颇呈面貌一新的迹象。

周太祖生活起居非常俭约，即位之初，他就将后汉宫中珠宝玉器尽数取出，当庭毁掉，并诏令珍华悦目之物，不得入宫；天下州府旧贡珍美食物，今后不须进奉；所有奏章必须直白简明，不得修饰华丽辞藻。直至病重，他还下令身后薄葬，不修地下宫殿，不设守陵宫人，墓前不竖石人石兽，而立碑刻字："周天子平生俭约，遗令用纸衣瓦棺，嗣天子不敢违也。"

郭威像

周太祖在位期间，多次改革不合理赋税，即位当年，他诏令掌仓场库务不得收斗余（概量之外，又取其余），称耗（计斤之外，又多取之，以备折耗），罢进羡余（地方官加重搜刮后以赋税盈的外义进贡皇室，多羡余）。不久，又改革税牛皮制度，废除私自买卖即抵死罪的刑法，诏令纳贡之余，听民自用及买卖。广顺三年（953），又罢营田、牛课。命将营田之民隶属州县，其田、庐舍、牛、农具，分给现佃者；从前百姓有牛者每年须交牛租，牛死而租照样收缴，百姓苦不堪言，周太祖一并废之。当年，全国就增加人口 30000 多户。

周太祖又革除了不合情理的刑法制度，原来后汉刑法苛严，窃盗一钱以上皆死；犯罪者又往往被族诛、籍没。周太祖尽数废革，规定罪人非作反逆，不得诛及亲族，籍没家资。从前后汉严禁私制盐、曲，违犯者死，至后周刑法有所宽恤，以所犯斤两逐等量刑。广顺二年（952），又制定了诉讼程序，并规定事不关己，不得妄兴词诉。

广顺二年，周太祖还亲自拜谒孔庙，光大儒学。

周太祖在位仅三年，但他革除积弊，与民休息，使后周成为五代较强的王朝。故此对外屡败契丹，四边高丽、回鹘、南汉诸国皆称臣纳贡，北汉、契丹、南唐境内人民纷纷迁入（后）周境，由此初步奠定了统一中国的基业。尽管他被旧史家讥讽有篡位之嫌，但观其政绩，不失为一位英明的君主。

刘崇建北汉

951年，后周太祖郭威在开封即皇帝位的同时，后汉高祖刘知远的弟弟刘崇也在晋阳（今太原）称帝，继承汉统，史称北汉。

刘崇是河东节度使，手握兵权。当他的侄子汉隐帝刘承祐被弑后，他一度拟发兵南向，声讨郭威。但继而听闻郭威立他的亲子刘赟为帝，便又按兵不动了。

北汉天会七年始建镇国寺大殿

现在听闻郭威篡汉自立，刘崇决计抗周，就在晋阳宫殿中，南面称帝，沿袭了汉的国号和乾祐年号，即位当年为乾祐四年。刘崇的北汉据有并、汾、忻、代、岚、宪、隆、蔚、沁、辽、鳞、石十二州，相当于今山西中部与北部。他任用河东节镇属官为文武百官。为了与周对抗，同年4月，刘崇遣使奉契丹皇帝为叔父，自称侄皇帝，每年进贡10万缗钱，以换取军事援助。从此后周与北汉边衅不断。

北汉原本贫瘠，岁入无多，宰相俸钱也不过每月百缗，刘崇又不断发起战争，外奉契丹，内供军费，百姓家无宁日，人民大量外逃，自建国起，国家一直处于动荡中。

南旱北水

南唐保大十二年、后广顺三年（953），是中国历史上一个灾年，北方后周因黄河流域暴雨而遭水灾，南方南唐江淮间则遭大旱，两国都蒙受重大损失。

这一年六月，黄河流域暴雨不止，河水陡涨。先是汉水倒灌入襄州城（今湖北襄樊），水深达1丈5尺，居民无处可逃，侥幸者则乘筏登树。六月，再度连降暴雨，黄河决口，冲毁城廓房舍无数，淹没大片田稼，后周京师大梁一带受灾尤为严重。自夏至秋，北方东自青、徐，西至丹、慈，北至贝、镇，几乎整个中原地区，都遭受大水袭击。

与此同时，南唐境内却苦旱少雨，水井干涸，淮水浅得可以涉水而过。

五代北汉天王立像

南唐饥民纷纷逃入后周之境觅食，唐主发兵也阻拦不住。后周太祖郭威下旨准许南唐买米过淮，但南唐反而乘机大筑粮仓，购买后周粮食以供军需。至8月，周太祖重新规定只许南唐百姓以人力畜力运输买米，而不许以舟车运载。

南唐灭楚

南唐保大九年、后周广顺元年（951），楚国国政浊乱，兄弟君臣干戈相向，南唐趁乱取之。

楚王马希萼自乾祐三年（950）取代希广自立后，占据长沙，刑戮无度，久失人心，又将政事委任其弟马希崇，自己则纵酒荒淫，宠信娈童谢彦颙，无礼于诸将，激得朗州自立，并推举刘言主持朗州之事。

马希崇从不劝谏兄长，反而纵容马步都指挥史徐威等人作乱，囚马希萼于衡山，推举自己为武安留后。此时，朗州刘言闻讯即乘机发兵声讨篡夺之罪，马希崇慌忙杀死希萼旧臣杨仲敏等人，取悦朗人，朗州军退回，马希崇又照旧纵情声色。

不料衡山将士放出马希萼，推举他为衡山工，并向南唐求援反攻马希崇；马希崇部下徐威等人见其难成大事，也趁机作乱，马希崇不得已，也向南唐请降。

十月，南唐大将边镐率兵进据长沙，存在 25 年的楚国亡。同年十一月，南唐令马氏兄弟举族与将士入朝。南汉乘虚攻取亡楚的桂、宜、连、梧、柳、象等州，尽有岭南之地。

周蜀刻《九经》

战乱年代，文化事业并未完全停顿，后蜀广政十六年、后周广顺三年（953），周蜀两国均刻印《九经》。

后蜀广政十六年五月，宰相毋昭裔出私财百万，继其主持刻石经之后，又请镂版印《九经》以颁郡县，后蜀后主从之。蜀中旧时文人辈出，中途一路断绝，自此，蜀中文学复盛。

后周刻九经渊源当直溯后唐明宗时，长兴三年（932）起，诏令国子监校定《九经》，当时的屯田员外郎田敏等充详勘官。雕版历时 20 多年，虽然朝代更迭，工程未止，至后周广顺三年（953）六月完成。此时已任周尚书左丞兼判国子监事的田敏献书周太祖，计有《五经文学》、《九经字样》各 2 部，共 130 册。此次刻印之本，世称"五代监本"。虽值乱世，但《九经》赖此而传布甚广。官府大规模刻书的历史，也由此开始。

柴荣即位后周

显德元年（954）正月，后周太祖郭威病逝，养子柴荣继位。柴荣（952~959）是郭威圣称皇后之侄，郭威收为养子。广顺三年（953）封晋王。郭威死前，黜退一批恃功倨傲之臣，又任命一批新官吏，将朝政委归柴荣，因此权力移交顺利。柴荣即是后周世宗。

柴荣继承郭威重农恤民的政策和统一中国的大志，任命王朴等能臣，浚通漕运，发展文教，虽然在位仅6年，

柴荣像

便以39岁英年病逝，但不失为一位有作为的皇帝。

柴荣重用王朴，王朴献"平边策"，提出先攻南唐，取江北而控制南方各国，再取后蜀和幽州，最后解决契丹边患的战略思想；又提出争取民心和避实击虚等建议，柴荣——采纳，成功地发动了一系列统一兼并战争。

柴荣深知"兵务精不务多"，因而大简诸军，操练精兵，于是士卒精强，征伐四方，所向皆捷。初即位时，北汉、辽乘后周太祖新中，大举攻周，柴荣亲临阵前督战，败汉辽于高平。以后汉辽趁柴荣亲征南唐，两度袭侵后周，皆被周军所败。

高平之役鼓起柴荣统一天下之志，他依王朴之言，先取南唐。后周显德二年（955）、显德三年（956）、显德四年（957）三度征伐南唐，柴荣每次皆胜，南唐自去帝号，割地请和。后周平定江北，得州14、县60。

后周又谋取攻蜀，显德二年（955）大败后蜀，取秦、成、阶、凤四州。显德六年（959），柴荣以契丹未逐，决意北伐。后周屡败辽师，兵不血刃而取燕南之地，柴荣于此役染病班师，旋即病逝，未能完成一统大业。

柴荣实施与民休养生息、发展农业的政策，扩建大梁城等工程，多是利用农隙完成。即位当年，他便令李谷治理黄河，修塞黄河堤岸，比较彻底地根治了河患。

柴荣留心农事，刻木为耕夫、蚕妇，置于殿庭，以示尊崇。显德五年（958），他读唐人元稹《长庆集》，对均田图大为激赏，决意均定田租，使贫困农户田租得以减少。这次均田赋税成绩显著，全国垦田数目增加很快，后周国力财力因而增加。

柴荣还疏浚河渠，着手重建漕运网络，以与舟楫灌溉之利。自显德三年（956）起，先后疏引汴水东通泗水，北入五丈河，使鲁齐舟船可直达大梁；凿通鹳水，重新沟通长江与淮河；浚通汴口，导黄河于淮，使长江、淮河、黄河三大水系重新通航。又疏浚汴水、五丈渠，使得以大梁开封为中心的水路漕运网络基本形成。

柴荣还命令王朴主持扩建大梁城，使城内道路最宽者达30步，大梁成为当时最繁华兴盛的首都，为宋代开封的更大发展奠定了基础；又令王朴撰《大周钦天历》和《律准》通行天下；以旧律文格敕烦杂不一，命侍御史知杂事张湜等10人详定格律，定《大周刑统》颁行天下；诏令中书舍人窦俨编《大周通礼》和《大周正乐》。

自唐以来，统治者多数佞佛，柴荣认为寺院泛滥使逃兵和不法之徒有隐匿之所，因而下旨禁佛，不许妄度尼僧，并停废寺院，毁佛像铸钱。

柴荣在位6年，多有仁政惠民，不仅减免苛政，而且在大兵过后，淮南大饥时，还命贷米与淮南饥民。而他最大的功劳还在于谋策统一大业，其未竟之志，在他死后，由赵匡胤继续完成。

南唐设科举

南唐历代君主喜好文学。在五代诸国中，是文化最为发达的一个，但自立国后一直未设科举，凡选拔人材，只凭上书献策，言事遇合者，随材进用。

保大十年（952）二月，在文学出身的韩熙载、冯延巳、冯延鲁等人影响下，南唐始开进士科。唐主李璟诏令翰林学士江文蔚主持其事，本年便有卢陵王克贞等3人及第。

但因南唐执政者均不
为科第出身，他们中的多
数人不约而同对科举制大
力毁谤，使得唐主无奈宣
布从此罢废科举。

第二年（保大十一年），
南唐祠部郎中、知制诰徐
弦上书奏称初设贡举，不
宜遽罢，于是南唐主顺水
推舟，宣布恢复科举制。

五代南唐人首鱼身像

周汉战于高平

后周显德元年（954）正月，后周世宗柴
荣即位不久，就闻奏北汉主刘崇（旻）乘后
周太祖新丧，联合辽将杨旻，率兵数万入寇
潞州。柴荣不顾群臣固净，奋然决定亲征。

柴荣招募禁卫军逐日操练，准备扈驾，
又调集各道兵马会集潞州，然后柴荣车驾于
三月上旬启行，不久便抵达泽州。

刘崇也放弃进攻潞州，奔赴泽州。3月
19日，两军在泽州以北的高平之南（今山西
晋城北）对阵。汉辽军队阵容齐整，人数占优，
刘崇因而轻敌；后周方面，则因河阳节度使
刘词尚未赶到，军心不稳。甫一交战，汉将
张元徽击周右军，周将樊爱能、何徽不战而逃，
周军形势峻急。

柴荣亲冒矢石，向前督战，宿卫将赵匡
胤身先士卒，驰犯敌锋，周军士气大增，奋

后周《韩通妻董氏墓志》

勇死战，杀汉将张元徽，后汉军溃退。此时刘词恰好赶到，立即领军投入战阵，汉军大败；本已在涧南休息的周军，见状也奋起追敌。辽军早已明哲保身地退却，北汉军则被追击至高平，辎重尽弃，死伤无数，刘崇狼狈逃回晋阳。柴荣在高平整顿军队，斩逃将樊爱能、何徽等以整肃军纪，自是骄将惰卒，始知所惧，不敢如前疲玩。

周世宗简选诸军

高平一役后，后周世宗柴荣深感骄兵惰将之弊。因为自五代以来，禁军皆务求姑息，不加简选，不仅羸弱居多，而且骄横不听号令，一有大敌，非逃即降。柴荣决心汰选士卒，振作军心，免蹈覆辙。

他对侍臣说，自古兵马贵精不贵多，何况军费繁重，一百名农夫的苦劳而不足供养一名甲士，怎么忍心榨取民脂民膏去供养疲弱无能的废物呢。于是命令检阅诸军，留强汰弱，侍臣对此一致赞同。

显德元年（954）十月，柴荣命殿前都虞侯赵匡胤主持大阅军士，精锐者升为上军，羸弱者裁汰。又诏募天下壮士，不论出身，都赴京师，柴荣亲临阅试，遇有才艺出众又仪表出众者，即补入殿前诸班。此外骑步诸军，各命统将选择。

经过这次阅军，凡从前骄兵惰卒，一概淘汰，宫廷内外，尽列熊罴，军务大有起色。后周由是士卒精强，征伐四方，几乎无往而不利。

周世宗三征南唐

后周世宗柴荣接受正朴的《平边策》，定下北守南攻，先平南唐的统一中国的战略。由显德二年（955）至显德五年（958），发起了一系列旨在征服南唐的军事行动，柴荣三度亲临淮上督战，最终迫使南唐割地称藩。

显德二年（955）十一月，柴荣派李谷率军南征，南唐因为边境久无战事，没有遣兵把守淮河，周师趁冬天水浅，搭浮桥渡过淮河，连续于寿州城下、山口镇、上窑击败南唐军。次年正月，李谷攻寿州久不能下，柴荣下诏亲征。

命李重进渡淮迎击南唐援军，斩将刘彦贞，杀敌万余，缴获军械 30 万，南唐大恐。柴荣亲至寿州城下，督军围城。又派赵匡胤袭南唐水军，夺战舰 50 余。周军捷报频传，赵匡胤攻克滁州，擒南唐大将皇甫晖；王逵攻取鄂州，克长山寨；赵匡胤又以不满 2000 之众，败敌 20000 于六合，南唐精兵几乎尽丧于此役。第一次南征，周军夺得江北一半土地，南唐割濒淮六州之地请和，但周欲尽得江北之地，不允。五月，柴荣因久攻寿州不克，天又大雨，只留李重进军围寿州，自返大梁。

显德三年（956）七月，南唐收复大半失地，周军再度南征。这一次柴荣鉴于南唐水师强大，乃起造战舰，由南唐降卒教练水师。次年三月，柴荣第二次亲临淮上，直抵寿州城下，先破紫金山唐军，断其甬道，再命水师沿淮东击，唐军丧 4 万人，周军获战舰粮仗以十万计。柴荣陈兵于寿州城北，断其求援之路，寿州守将刘仁瞻病重，监军使周廷构等开城投降。周帝柴荣对坚守寿州一年多的刘仁瞻的忠节大加褒扬，又令开仓赈济饥民，大赦犯人。改编南唐降卒后，柴荣返回大梁。

显德四年（957）十一月，柴荣第三次亲征南唐，屡败南唐兵。十二月，南唐泗州守将首先投降。攻下泗州后，柴荣帅亲兵沿淮河北岸前进，赵匡胤统步兵于南岸进军，诸将以水师在淮河中进军，大败南唐水师，濠州遂降。周师乘胜追击，又攻下扬州、泰州。次年正月，柴荣下令疏浚鹳水，使水军自淮河直抵长江，拔静海军，打通了往吴越的道路。周师苦战又攻克楚州。

三月，南唐中主李璟见周兵在长江中屡败南唐水师，唯恐周兵南渡，遂上表请和，愿去帝号，称唐国主，割长江以北之地入周，每岁入贡数十万，柴荣方允罢兵。于是江北悉平，得 14 州、60 县。

是年五月，李璟去天子仪制，奉周正朔；自己只称国王，并避周讳而改名景，正式臣属于周。八月，南唐又在开封设置进奏院，从而完成了藩国所应具备的条件和义务。

周世宗毁佛铸钱

后周世宗柴荣以寺院泛滥，不仅大量劳动力出家，减少了国家劳役和兵役的人力资源，而且逃兵和不法分子也往往剃度出家，逃避刑罚，遂于显德二年（955）五月下诏毁佛：

天下寺院，作敕赐寺额者，皆属私建，一律停废；又禁止私度尼僧，私自剃度者勒令还俗并治罪；又禁僧众自残肢体、幻惑流俗。

经此整顿，当年停废寺院30336所，存者仅2694所；在籍僧42444人，尼18756人。

九月，柴荣以县官久不铸钱，而民间又多销钱为器皿和佛像，钱币日少，敕立监采铜铸钱。民间铜器、佛像限50日内上缴官府，按斤两给还价钱；逾期不交，5斤以上者死。禁止民间私用铜铸佛像、器物。

南唐《李昪哀册》

有人以为佛像不可毁，柴荣回答说：佛以善道教化天下，只要立志是善的，就是奉佛了。佛像哪里算是佛呢？再说，我听说佛为救济人，连头目都舍得布施给人，如果朕的身体能济民，我也不惜牺牲自己啊。

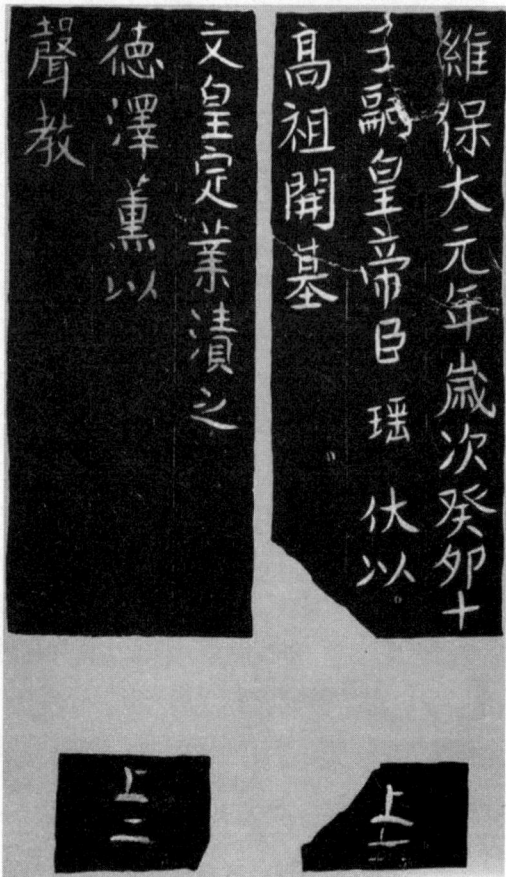

周世宗北伐

后周世宗柴荣久怀收复北方失地之志，已非一日。征服南唐归来，返至大梁，又闻辽汉合寇，决意北上亲征。

柴荣认为北汉跳梁小丑，全赖辽人相助，决意行釜底抽薪之计，首先攻辽，只待辽人一败，北汉势孤，再行讨伐。

后周显德六年（959）三月，柴荣命吴延祚、张美权留守东京（今河南开封），又命诸将各领马步诸军及水师赴沧州，自率禁军为后应，然后以韩通为陆路都部署、赵匡胤为水路都部署，水陆两路并举，向北长驱直入契丹境内。

溯方州县自石晋割隶辽邦以后，几年未见兵革，骤闻周师入境，无不胆战心寒。周军连下益津关（河北霸县）、瓦桥关（今河北雄县）、淤口关、莫州（今河北任丘北）、瀛州（今河北河间）、易州（今河北易县），契丹守将不战而降，周军兵不血刃，尽取燕南之地。计征战42日，周师未发一矢，而得3州、17县、18360户。柴荣决意乘胜进取幽州，5月初，派李重进为先锋先发。

五代南唐武士立像

在孙行友攻下易州时，柴荣已染病在身，此时因无法继续前行而还驻瓦桥关，诸将皆劝还驾。柴荣不得已照允，乃改称瓦桥关为雄州，陈思让留守；益津关为霸州，韩令坤留守，自己回銮大梁。

六月六日，柴荣病逝于大梁，收复幽燕之业也因而不幸废止。

五代滥施刑罚

五代时期，连年混战，军阀当政。他们为了维护自己的统治，往往实施严酷刑罚。具体表现如下几方面：

在立法方面，刑罚普遍加重。如处理盗窃罪，唐后期用重刑，盗窃赃物满三匹以上者，才处以死刑。后唐重申此制。后汉天福十二年（947），后汉高祖刘暠下令，所有抓获贼盗，只要按验真实，不管赃物多少，都应处以死刑。后周对盗窃罪处以死刑的最低限度也是"赃绢满三匹"。又如处理"和奸"罪，依唐律仅处一年半徒刑，后晋法律则规定处以死刑。此外，五代还设置了一些《唐律》中所没有的罪名与重刑条款。如从重惩治制造和贩卖私盐、私酒曲者。后唐规定贩私盐十斤以上即处死，私自制碱煮盐，不论斤两都判死刑。后汉严惩私自制曲者，不论斤两都处死刑。后周改为私贩盐、曲五斤以上，判决重杖一顿，再处死。

在死刑的执行与刑罚的运用方面，由于军阀成为执法者，往往随意喜怒，视人命如草芥，动辄族诛。如后唐庄宗灭梁，将梁臣赵岩、朱友谦族诛；部将张谏谋叛，又将其党羽三千人一并族杀，祸至军士数百人亦遭族诛。而且法外施刑的现象相当普遍。据《旧五代史·刘铢传》载，刘铢性格狠毒，喜欢杀人，他制定的法令严峻，吏民稍有违反，就令人将其倒拖出去几百步才停止，致使遭罚者体无完肤。每当他实施杖刑，他便令双杖齐下，称为"合吹杖"；或者杖打次数与罪犯年龄相等，称为"随年杖"。在司法审判方面，轻罪重判，禁锢超过刑期，动辄处死狱囚的现象更是不胜列举。据《旧五代史·苏逢吉传》载，后汉高祖曾命令苏逢吉"静狱"以祈福佑，苏逢吉却将全部狱囚处死。由于五代统治者对监狱实行军事管制，设立了马步司左右军巡院监狱，任用嗜杀成性的牙校掌管司法审判和监狱管理，导致各地监狱更加暗无天日。

汴梁城形成

汴梁又称汴京、东京，在今河南省开封市。五代时后梁、后晋、后汉、后周四代均在此建都，称汴梁。北宋建国后，亦因交通便利（处于黄河中下游扇形冲积平原的轴端，又是大运河的中枢和大运河漕运的枢纽地带），在此建都，称为东京。汴梁城经历代修建，在五代时逐渐形成，至北宋，颇具规模。

汴梁最早为战国时魏都大梁，后世相沿称，简称梁。因汴河从中间穿过，唐时在此设汴州，简称汴，后合称汴梁。原汴州旧城规模较小，后周显德三年（956），在旧城外围筑了一层廓城。北宋定都后又经几次扩建，最后形成规模。汴梁城结构布局为外城、里城、宫城三重城墙和护城河。外城又称新城，全长40余里，南面有3门，东、北各有4门，西南5门，各城门都有联通附近的州县市镇的水、陆通道，呈放射状展开。城内横穿的四条河均通过护城河相连通，汴河横穿城东北，通南北大运河，是汴梁漕运的主要渠道。里城相当唐时的州城，周长20里。宫城又称大内，在里城中心偏北位置，由唐时州衙改建而成。四面开门，城四角建有角楼。在宫城南北轴线南部的丹凤门内，是外朝的主要宫殿，东西并列，一改唐洛阳城建筑布局。宫内主要殿堂首先

宋《清明上河图》。它以汴河为心，详细描绘了都城汴梁的社会生活情景。

乱世天下

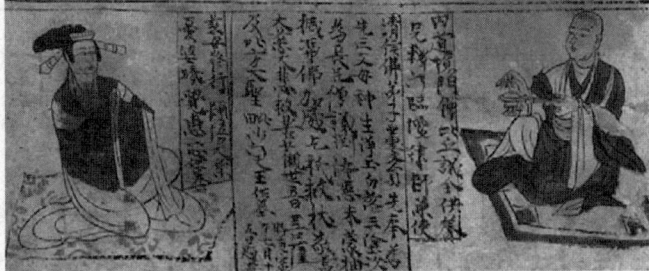

五代《观世音菩萨毗沙门天王像》

采用工字形布局。这对以后历代各朝宫殿建筑产生了重大影响。

汴梁城因旧城扩建而成，城市街道布局不如唐代那样横竖方整，但主要街道仍成井字形。北宋时，城内居民超过百万，为当时世界上人口最多的城市，北宋打破唐时的坊市分离制，里城、外城居住区和商业区混杂在一起，形成了熙熙攘攘、繁华的城市景象，这在张择端的《清明上河图》上反映出来。

汴梁城与前代都城最大的不同是宫城不在最北部而是接近市中心以及城市面貌的商业化。汴梁首次在宫城正门和里城正门之间设置了丁字形纵向宫前广场。

五代《八臂十一面观音像》

西蜀画风兴盛

五代十国时期，各地军阀混战不休，文化也惨遭破坏，但在一些较少战乱的国家，文化事业不但未被破坏，还有所发展，这就是五代十国中西蜀画风兴盛的重要原因。

西蜀位于较偏僻的西南地区，所以战乱相对中原来说较少。中原的每一次战乱都为西蜀送来一批避难的画坛名士，如安史之乱后来的赵公佑、陈皓、张腾、辛澄等人。这些画坛高手的加入，使西蜀画坛新意盎然，也使西蜀画风糅合了中原画风的特色。

西蜀的画家大都擅长宗教画，擅长山水画、花鸟画的也不少，如吴道玄的《地狱变相》、《金光明经变》和周昉的《水月观音》等，这些画大都画在寺院的墙壁上，和当时佛教兴盛有着紧密的联系，成都最大的寺院大圣慈、寺也是当时壁画最集中的地方。除了少量帝王贵族肖像和山水花鸟画外，更多的是宗教画，据李纯《大圣慈寺书院》载："……总96院，画诸佛如来

093

五代《白衣观音图》

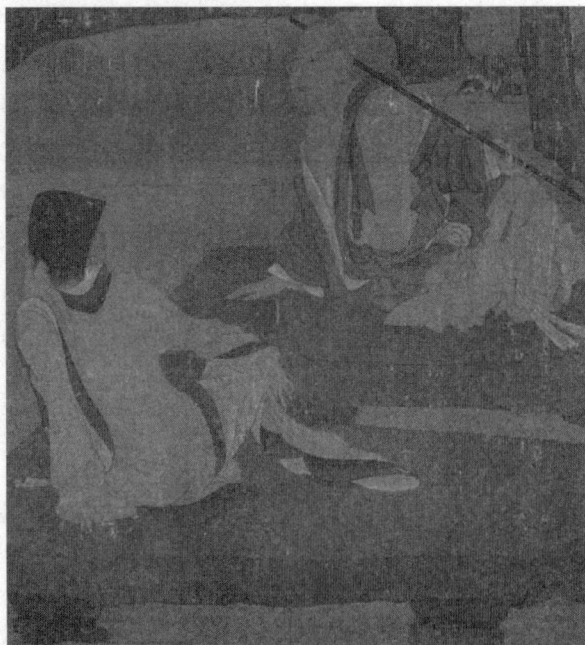

《神骏图》（部分）

五代《神骏图》

1215，菩萨10488，帝释梵王68，罗汉祖师1785……"直至南宋时，范成大将遗存的壁画记录造书，还遗留有三十多院阁壁画，可见西蜀画坛名作中宗教画占了相当大的比重。

在兴盛的西蜀画坛背后，是一大批画坛名手的辛勤努力。赵德玄入蜀，带来隋唐名画百余本，"多为秘府散逸之作"，令西蜀画手得益匪浅。当时仅出名的画手就有房从真、张玄、徐德昌等，不下二三十人，且涌现出一批父子相传的名手，如黄筌和黄居宝、黄居寀，高道兴和高从遇，杜子环和杜敬安，蒲师训和蒲延昌等。西蜀专门的画院，名手很高的社会地位也促进了画坛繁荣。在大批画家长期的切磋、互相的学习之下，西蜀绘画还有许多创新，如在大型构图方面，后蜀明德年间，赵德玄、赵忠义父子共同创作了福庆禅院的十三幅大型壁画《东流传变相》，结构舒朗，山水精细，人物逼真，名冠一时。

《神骏图》（局部）

后蜀后期，在题材方面，山水画、花鸟画有了进一步发展，传统的宗教画在表现人物精神状态上也有了进一步提高。

095

沧州铁狮子铸成

后周广顺三年（953），山东匠人李云铸成著名的沧州铁狮子。

沧州铁狮子位于今河北省沧州市东南20公里的沧州故城内开元寺前。铁狮形态威武，身披障泥，背负莲花巨盆，前后飘着束带，挂有串珠等装饰，发卷曲呈波浪形，当为开元寺文殊菩萨的座驾。铁狮身长5.3米，高5.4米，宽3米，重约40吨，左胁有"山东李云造"5字，头顶及项下各有"狮子王"3字，右项及牙边皆有"大周广顺三年铸"7字。铁狮腹内和牙外还有很多字迹，有人认为是金刚文，但已难以辨认。

据分析，铁狮背部的化学成分为：碳4.1％、硅0.04％、锰0.03％、硫0.019％、磷0.235％。又据表面金相检测，铁狮腿部为灰口铁，头部和莲花座驾为白口铁，其间有麻口铁。体内颈部和背部铸有加强筋用以负载重量。铁狮采用泥范明注式浇铸法整体铸成，表面遍布长方形等多种规格的外范拼接痕迹，铸造时共用外范600多块。内范布满圆头铁钉，头部和背部均垫有铁片，用以控制内外范之间的距离。外范拼接处用熟铁条连接，用以增加强度。据研究推测，铁狮子的铸造工序大体是：1. 塑泥狮原型；2. 在泥狮上塑制外范，阴干后取下；

后周953年铸大型铸铁文物河北沧州铁狮。重十万斤。

3.制内型，将泥狮刮去一层，其厚度等于铸件厚度；4.接拼外范；5.浇注成型；6.清理。

沧州铁狮子的铸成，标志着我国制造大型铸铁件技术的提高。在中国冶铸史上占有重要地位。

栖霞寺舍利塔建成

五代时，南北方对待佛教的政策是两个极端，北方五代统治者对佛教执行严格的限制政策，而南方如吴越王钱弘俶铸金涂塔，是推崇佛教的，于是南方成为佛教禅宗的根据地，这里的佛教艺术也获得较大发展，南京栖霞寺舍利塔的建成，足以代表南唐佛教建筑和佛教造像艺术的最高水平。

栖霞寺是南朝以来佛教中心之一，至唐代被推为国内四大丛林之一，可惜今大半佛龛古迹毁损。舍利塔在寺左侧，始建于隋文帝仁寿元年（601），后毁，现存遗构是南唐高越及林仁肇重建。

栖霞寺舍利塔

舍利塔高 18.04 米，是通体用石灰岩砌成的仿木结构建筑形式。塔身造型秀丽、小巧、玲珑，为八角五层塔，每层的高度与广度都随层次逐渐减缩，现出十分稳固的姿态。精美的造像和装饰性雕刻施满塔身，集民族传统雕刻诸技法之大成于一塔，表现形式极为多样，显示出当时石雕艺术的高度成就。最有代表性的是雕在基坛束腰部的"释迦八相"和刻在塔身上的二菩萨、二天王、二仁王。

环绕基坛周围的八幅横披式"释迦八相"，是五代遗迹中仅见的浅浮雕

栖霞寺舍利塔降魔浮雕

栖霞寺舍利塔说法浮雕

栖霞寺舍利塔降生浮雕

珍品，处处显示出传统绘画的功力；应用了前代壁画中把不同时、地的情节表现于同一画面的处理方法，如"出游"图既描写了悉达太子的出城，刻画了太子游四门时前后所见的生、老、病、死等世苦的全部情节；也运用了"压地隐起"这种从汉代书画基础上发展而来的新方法，在浮雕中凸出主要人物，使之具立体感。题材内容、图景融传说与现实为一体，人物形象、宫殿楼阁反映了中国当时社会的真实情况。

塔身上的天王、仁王和文殊、普贤菩萨等像都为半浮雕作品，作者徐知谦、王文载、丁延规等均有题名刻于上角。此外，在基坛和塔身各层，精美雕饰密布，几乎没有空隙。各层均设龛造像，角柱饰以侏儒和立龙，檐下则雕饰供养天人，其他局部刻宝相华、海石榴、莲华、蔓草纹以及其他瑞禽祥兽，题材范围相当广泛。表现形式随题材和形象而异，随处可见压地隐起、线雕、须地平钑等各种雕法，特别是波涛翻腾的浮雕海面，活泼游动的鱼虾显现其中，刻画相当出色。

栖霞寺舍利塔，整体形象富丽精巧，气派工整典雅，在雕刻史上足以代表南唐艺术的高度成熟，在建筑艺术方面是后来《营造法式》的范例。

云岩寺塔出现观音檀龛

栴檀质重而香，木理坚细，是宜于雕琢的珍贵木材。以栴檀造佛像，始于印度，在南北朝时传入我国，至唐时渐有造作，唐高祖李渊曾下诏为其父母造栴檀等身像三躯供养于寺庙中，自此檀像造作渐多，刻檀佛像随遣唐使等流传到日本，现仍有保存，但我国现存唐檀刻佛像极少。1956年在江苏苏州虎丘云岩寺第三层塔心发现许多佛教文物中，最稀见的是五代时期的观音檀龛。

云岩寺塔出现的观音檀龛，从其题材内容、风格样

云岩寺塔。建于五代后周显德六年（959）至北宋建隆二年（961），塔俗称虎丘塔。

式等考证，应当是五代时南方重佛教的吴越地区所造，也有可能是晚唐末期的旧作。它是于后周显德六年至宋建隆二年间（959~961）建造云岩寺塔时被藏纳于塔中的，因木头不易保存，年代久远，此檀龛已有些残破。观音檀龛以一木雕成，作三连龛，两扉龛可以开合。木质虽已枯朽变形，仍可以看出雕刻技艺之精湛。观音被雕成端坐莲台的姿势，其莲座下作对称结构的莲藕和莲叶，并有双手合十的善财童子立在莲蓬之上，作仰首屈膝向观音参问状。观音表情亲切，善财童子面容虔诚而略带稚气，颇能突破常规，构意新颖精巧，可能是描写《华严经·入法界品》里所说善财童子参拜观音的事迹，实际上开了后世寺院中"善财"五十二参变相塑壁的先例。

这一观音檀龛妆彩描金，高仅19厘米，小巧精致。在这小块木头上镌刻

观音檀龛

生动人物及装饰，确需精湛的雕刻技术，显示出当时木雕技术的水平。这是我国木雕艺术中不可多得的精品。

《旧唐书》成

《旧唐书》是五代后晋官修的最重要的纪传体史书，也是第一部完整的唐史著作。始称《唐书》，为与宋代欧阳修等撰的《唐书》相区别，习惯叫《旧唐书》。

《旧唐书》共200卷，含纪20卷、志30卷、传150卷。始撰于天福六年（941），成书于开运二年（945），先后参与编撰工作的有张昭远、贾纬、赵熙、郑受益、李为光、吕崎等，成书时刘昫以宰相身份监修，故题为"刘昫撰"。可以说，它凝聚了许多史学家的心血。

《旧唐书》帝纪20卷，起于高祖武德元年（618），迄于哀帝天祐五年（908），

五代青釉壶

五代青釉天夹耳罐

古格王国遗址。位于西藏札达县。古格王国为公元十世纪前半期吐蕃赞普达磨后裔德祖衮所建。
这是后吐蕃时期的重要文化遗存。

其中把武则天立为本纪，可说是不可多得的远见卓识。志30卷，其中礼仪7卷，音乐4卷，历3卷，天文2卷，五行1卷，地理4卷，职官3卷，舆服1卷，经籍、食货各2卷，刑法1卷，志目与《五代史志》基本相同，但编次、识见均比后者逊色。传150卷，以多人合传为主，独具匠心，类传有外戚、宦官、良吏、酷吏、忠义、孝友、儒学、文苑、方位、隐逸、列女等，民族与外域有突厥、回纥、吐蕃、南蛮、西南蛮、西戎、东夷、北狄诸目。

《旧唐书》集中了丰富而有价值的历史资料，具有很高的文献价值。如《五行志》列举各地不同的自然灾害，有不少反映民生困苦、工商业状况和国内外交通方面的资料，《地理志》记载了全国边防镇戍的分布和兵马人数，各地州县设置和户口等情况，《舆服志》记载了唐代帝、后、王、妃及百官按品级规定车舆、衣冠、服饰制度，用以区别贵贱，反映了封建等级制度。《食货志》集中记载了唐代田制、赋役、钱币、盐法、漕运、仓库及杂税、榷酤等经济史资料，《刑法志》记载了唐代法典律、令、格、式的制订过程及执行情况。

但是该书武宗以前史事用唐人所撰《国史》为蓝本，难免有残缺和推测雕饰的弊端。而且成书仓促，撰述不精，大有遗漏，传有重出，存有错讹。难能可贵的是，五代政局动荡，后晋史学家编撰此巨著，使中国历史上一个盛大皇朝的历史面貌得以呈现于后人，他们对中国史学的贡献应充分肯定，我们可从书中粗略看到7~10世纪初中华文明发展的轨迹。《旧唐书》至今仍有不可替代的史学价值。

《花间集》成

晚唐五代时期，前蜀王氏、后蜀孟氏割据蜀中，前后达60年之久，由于地理上的封闭，使得这一地区政治较为安定，经济比较繁荣，因而文化生活也显得更为丰富，统治集团和各阶层人士无不沉溺于歌舞伎乐之中，供歌唱的曲子词也开始盛行起来，当时蜀中文人填词十分普遍，蔚为风气。后蜀广政三年（940）赵崇祚正是顺应这种时代的需要，收集了当时的词作，编成了中国文学史上最早的词作选集——《花间集》，成为供歌伎伶人演唱的曲子词选本。

赵崇祚，字弘基，生平事迹不详，曾任卫尉少卿。《花间集》共选当时 18 位词作家的作品 500 首，大致以作家生活年代为序，将温庭筠、皇甫松等晚唐词作家列于卷首，表明了西蜀词派的创作源流。和凝是北汉宰相，以制曲著名，张泌为南唐词人，其余 14 人均为蜀中文人，多为朝廷的侍从之臣。其词作的内容不外歌咏族愁闺怨，合欢离恨，多局限于男女燕

五代海水龙纹莲瓣碗

婉的私情，也有一些作品略微显露出"亡国"哀怨，如鹿虔展的《临江仙》。而欧阳炯的《南乡子》歌咏了南方的风土人情，有一定的社会意义。总之，在思想内容上，《花间集》中的词作长期以来几乎不被称赏，而文字的富艳精工，却得到比较一致的肯定。代表《花间集》词作风格的词作家是温庭筠和韦庄，温词浓艳华美，韦词疏淡明秀，其余的词多蹈袭这两种词风。

温庭筠（812~866），本名岐，字飞卿，年轻时苦学成文，才思敏捷，精通音律，善长鼓琴吹笛，作侧艳之词，喜欢讥刺权贵，多触忌讳，又不受羁束，纵酒放浪，所以不为时俗所重，一生坎坷，终身潦倒。《花间集》将他的词列在首位，共收 26 首，是文人中第一个大量写词的人，是"花间派"词的先导，对词的发展产生了极大的影响，多写妇女生活，如闺阁怨情、征妇思夫等，也许寄寓了自己的某种情怀，在手法上，秾丽绵密，多用比兴，以景寓情，情挚韵玩，颇值玩味。

韦庄是"花间派"中成就较高的词人，其词注重作者感情的抒发，个性较为鲜明。善于用清新流畅的白描笔调，表达比较真挚深沉的感情。有些词受民间词影响较为明显，用直截决绝的语言，或写一往情深，或写一腔愁绪。风格与温庭筠大相异趣。

李璟、李煜父子为词

文人词在初、盛唐时已经出现，如沈佳期作《回波乐》、唐玄宗作《好时光》等。相传李白曾作词十余首，其中《菩萨蛮》"平林漠漠烟如织"、《忆秦娥》"箫声咽"二首在艺术上已有极高成就，被推为"百代词曲之祖"。中唐时，文人填词者日益增多，如张志和曾作《渔歌子》，韦应物有《调笑令》、白居易有《忆江南》等。到了晚唐，涌现出更多的填词能手，温庭筠就是这一时期第一个大量写词的文人，现存词70余首。他的词大都抒写妇女的离情相思，充满脂香粉气，

李后主

以秾艳的色彩、华丽的辞藻构成他特有的"香而软"的风格。温词在词的发展史上曾起过不小的影响：一是艺术上力求精细，使词由朴素的民间格调向文人化发展，在艺术上有较大发展；二是他的香软秾丽的词风给后世带来不良的影响，形成了以他为"鼻祖"的花间词派。

到五代后期的南唐，由于宫廷的提倡，盛行写词，代表作家是李璟、李煜和冯延巳。

李璟（916~961），字伯玉，南唐中主，南唐开国主李昇之子。28岁继位，在位19年。他的词作仅存4首，艺术成就较高，其中《应天长》、《望远行》2首，境界与花间词相近。《浣溪纱》

阮郜《阆苑女仙图》（局部）

五代阮郜《阆苑女仙图》

2首，则运用伤春伤别的比兴手法，寄寓对自己身世遭遇和南唐国运衰微的悲慨，深沉动人。王安石曾盛称其"细雨梦回鸡塞远，小楼吹彻玉笙寒"二句；王国维称该词前二句"菡萏香销翠叶残，西风愁起绿波间"，大有"众芳芜秽，美人迟暮"之感。他的词蕴藉含蓄，耐人寻味，对李煜词很有影响。

李煜（937~978）为李璟第六子，建隆二年（961）继位，史称后主。38岁时，宋军长驱渡江，围攻金陵，次年城陷降宋，被封为右千牛卫上将军、违命侯，后被宋太宗赵光义毒死。李煜在政治上是庸弩无能的皇帝，却具有多方面的艺术才能，如书法、绘画、诗文等，词的成就尤高。

李煜词以宋太祖开宝八年（975）他降宋时为界，可分为前后两期。前期词虽也显示出非凡的才华和出色的技巧，但题材狭窄，主要反映宫廷生活与男女情爱，基本没有脱离花间词的窠臼。到了后期，李煜由皇帝变为囚徒。屈辱的生活，亡国的惨痛，往事的追忆，每天只能以泪洗面，这种经历使他的词的成就大大超过前期。《破阵子》"四十年来家国"反映了他身世与词风的转折。《虞美人》"春花秋月何时了"、《乌夜啼》"林花谢了春红"、"无言独上西楼"等是其后期代表作，主要抒写了自己凭栏远望，梦里重归的情景，表达了对故国与往事的追忆与悔恨，艺术上达到很高的成就。

李煜的词继承了晚唐以来温庭筠、韦庄等花间词人的传统，又受李璟、冯延巳的影响，将词的创作向前推进了一大步。其成就表现在：①扩大了词的表现领域。李煜之前的词作以艳情为主，内容贫乏，多写女性，很少寄寓个人的思想感情。而李煜词中多数作品则直抒胸臆，倾吐身世家国之感，情真语挚。②语言自然流畅而又极富表现力。他后期的词不镂金错彩，也不隐约其词，而善用白描，长于比喻，所以仍然文采动人、情思隽永。③具有较高的概括性。李煜的词，往往通过具体可感的个性形象来反映现实生活中具

有一般意义的某种境界。"小楼昨夜又东风，故国不堪回首月明中"（《虞美人》）、"落花流水春去也，天上人间"（《浪淘沙》）等句子深刻而生动地写出了人生的离合不定的情状，感情真切，又明白如话，很容易引起读者类似的感情联想和共鸣。④风格上有一定的独创性。《花间集》和南唐词，一般以委婉精细见长，李煜词则表现出流丽疏宕的特点。他是晚唐五代词人中成就最高、对宋词影响最大的一位。

《福乐智慧》流传

在回鹘文化史上具有代表性的文化成果中，长篇韵文叙事长诗《福乐智慧》具有无可替代的历史地位。

《福乐智慧》是用回鹘文写成的文学作品，作者玉素甫，全名为"玉素甫·哈斯·哈吉甫"，出生于巴拉沙衮。该书于1070年写成，分85章，共13900行。书中塑造了四个人物：象征正义与法治的国王日出（空图格迪），象征幸福的大臣月圆（阿依脱里德），象征智慧的大臣之子贤明（奥克托里米升），象征谦虚的大臣之子的朋友觉醒（乌提库尔米什）。长诗通过这4个人物的对话和他们的言行，表达了主张正义、追求幸福、开发智力以及教育人们诚实谦虚这一思想。诗人采用了回鹘人常用的含蓄和喜闻乐见的比喻，常用寡妇的丧服，魔鬼的面孔比喻黑暗，以天鹅的羽毛和首次揭开面纱的新娘来形容光明。全诗词句优美、韵律严格、技巧娴熟，一直是中亚和伊朗高原许多卓有成就的诗人们学习的楷模。

《福乐智慧》长诗包含有广泛的社会内容，其意义远远超出其文学范围，涉及到社会经济、地理、政治、哲学、法律、伦理、医学、数学等各个方面，具有重要的学术价值和历史意义。

《福乐智慧》流传下来的有三种写本，最早的回鹘文本是1439~1440年在赫拉特城（今阿富汗境内）完成的。另两种是阿拉伯文抄本和1914年在苏联的纳曼干城（今费尔干）发现的完整抄本。

回鹘文形成

回鹘文是 10 世纪中叶以后，由回鹘人创造、使用的文字。这种文字来源于中亚粟特文（窣特文）。活动于七河流域的突骑施部，最初采用粟特文拼写突厥语，后来两州（高昌）回鹘以流行于当地的粟特文为基础，创造出一代文字，通称为回鹘文。

回鹘文是一种音素文字，其字母数目因时有所增加而不同，大约有 18~23 个字。在书写上，回鹘文字分木刻印刷体和书写体两种。书写体又分为楷书和草书，楷书用于经典著作，草书用于一般文书。从行款上看，回鹘文字最初由右往左横写，后采才改为从右往左自上而下直行竖写。

回鹘文最初只应于高昌回鹘政权的管辖范围之内，后来随着喀喇汗五朝势力扩展使用范围逐渐扩大。在新疆的吐鲁番、

过街塔刻回鹘文

哈密一带，回鹘文一直使用到 14~15 世纪。历史上，回鹘文对周围其他民族的文化发展也产生很大影响，如对契丹小字、蒙古文、满文等文字的形成的影响。

回鹘文在古代畏兀人采用阿拉伯文字之前得到了广泛的应用，成为该特定地区内公认的、最具权威性的文字。现在我们所能见到的 10 世纪前后的回鹘文献，包括了宗教文献、文学作品、医学文献和官方文件、民间契约、商业合同等社会生活的各个方面，涉及范围十分广泛。

辽作星图

辽朝在辽太宗大同元年（947）攻灭后晋后，"建国改号，号令法度，悉尊汉制"，在天文历法方面，也向汉族文化学习。从天禄元年（947）到统和十二年（994）辽朝采用晋马重绩编制的调元历，995 年以后使用辽刺史贾俊的大明历，但实际上是祖冲之的大明历，可能有些改动。

契丹人信仰巫术，重视观察天象，并将天象与政事联系。辽代统治者在洗掠汴京时，便带回中原先进的天文仪器，这为辽代天文学的发展提供了极为便利的条件。1971 年在河北省张家口市宣化区一座辽墓的发掘中，发现一幅辽代墓室星图。这幅彩绘星图呈圆形，直径为 2.17 米，采用极投影法绘制。中央为极，嵌有 35 厘米铜镜山面，镜周围绘有莲花，再外为二十八星宿，最外圈为黄道十二宫，显然是一幅表意性星图。十二宫知识来自西域，但明显地"辽化"，因为那双子和室女的人物衣着辽服；而中央的莲花又带着佛教色彩，由此可见这幅星图是辽代多民族文化融合的结晶之一，也可称为文明史上的一个奇观。

1989 年张家口宣化另两座辽墓又各出土了一幅星图，与 1971 年发现的星图相比，大同小异，如二号墓星图加进了十二生肖，而且十二生肖皆作人形。这又证实了辽人喜欢将人事与天象相联系。在同一地区先后出土的三幅辽代星图，说明辽代天文学已达到很高的水平，堪称是中国天文史上的奇观。

辽行新历

大同元年（947），辽太宗北归辽土，带回了新历法，并开始流行。

后晋天福年间，掌管天象和历法制订事务的官员司天监马重绩进呈《乙未元历》，号《调元历》。后来辽太宗耶律德光灭晋，进入汴京。向以游牧为生的契丹人遂由此学到了许多精耕细作的农业生产技术和历象，上述《调元历》亦在其中。因中原各地反抗不断，契丹人无法立足，辽太宗决定北归

五代周文矩《琉璃堂人物图》（部分）。卷首有宋徽宗题"周文矩琉璃堂人物图神品工妙也"，下钤"内府图书之印"，幅内无名款。赵佶瘦金书及"内府"大印皆伪，此卷应是原作割裂之前所摹，时当在宋代。

南唐徐氏墓志（十二生肖）。南唐徐氏墓志，1971年出土于江苏省南通古墓中。墓志刻于南唐大保年间。志盖顶部刻日、月、华盖（杠）和勾陈星宿、八卦，中刻十二生肖图形。十二生肖的次序与现今使用的完全相同。目前发现的十二生肖文物中，这是较为完整的一处。

辽土。于是，中原先进的科学知识、历法天象等也被带到了辽中京（辽宁宁城西）一带，并逐渐在全国传播。这时，辽国开始有了历法。该法即《调元历》，由司天王白等所进。

《唐会要》编成

五代末年撰成的《唐会要》与《唐书》可称为这一时期史学成就的"双璧"。《唐会要》共100卷，分514目。它言词简约，内容丰赡详实，有关细事，以"杂录"为名附于各条之后。详细地记录了唐代政治体制的沿革和损益。

这部重要的史学著作是王溥在唐人两次编撰《会要》的基础上增补、编订、编成于北宋代周的当年。宋太祖阅后甚为赞赏。

王溥生于五代后梁龙德二年（922），后汉乾祐（948~950）年间进士及第入仕。后周时为中书侍郎、平章事、兼礼部尚书，监修国史，加右仆射。北宋时为司空、太子太师，封祁国公。

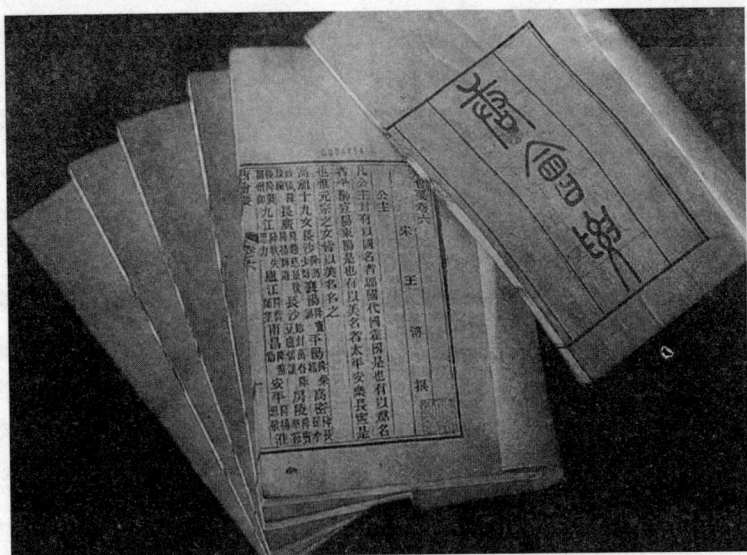

《唐会要》书影。专门记述各项制度的史实汇编称"会要"。《唐会要》与《明
会要》是会要体史书中最重要的两部著作。

《唐会要》对于研究唐代史事、人物、典制及政治兴亡，文明盛衰演进，
有特别重要的价值和意义，深受重视。

顾闳中作《韩熙载夜宴图》

五代南唐画家顾闳中所作《韩熙载夜宴图》，代表了五代时期人物画创
作所达到的成就，是稀有珍品。

顾闳中，江南人，五代南唐画家，南唐后主时期（943~975）在南唐画院
任侍诏，擅长人物画。《韩熙载夜宴图》是他受南唐后主李煜之命创作的。
相传李后主想了解大臣韩熙载家宴的情形，命顾闳中夜至其私宅，暗中观察。
顾闳中目识心记，以默画为基础创作了这幅纪实的人物画作品。画中主要人
物韩熙载出身北方豪族，朱温（907~912）在位时以进士登弟，南唐时官至中
书侍郎，有志不得伸，抑郁苦闷；晚年放浪不羁，纵情声色。这幅画以连环
画形式表现了5个互相联系又相对独立的情节，展示了夜宴活动的内容，即

111

顾闳中《韩熙载夜宴图》（部分）

听乐、观舞、休息、清吹、送别。

画中有十余个主要人物，在 5 个情景中又反复出现，多为见于记载的真实历史人物。整幅画虽然大量描绘歌舞场面，但却笼罩着沉郁的气氛。全卷 5 情节中，韩熙载均出现。画家从不同角度，从外貌到性格，深刻刻画出韩熙载内心深处的隐衷。其余人物在 5 个情节中互相呼应、联系，动作表情均表达了其精神状态，与环境气氛相统一，这在起首的"听乐"和第四段自己"清吹"中表现得最好。画卷用笔与设色十分精致。画家以劲健优美、柔中有刚的线条勾勒人物，服饰细入毫发，衣纹简练洒脱。色彩有通体的单纯，又有层出不穷的绮丽，艳而不俗。色与线有机结合，使画面显出明暗变化。画家凭着杰出的智慧，深入人物内心，将那种含而不露的感情独白，融化于优雅的夜宴气氛中。

《韩熙载夜宴图》在内容与形式上都达到相当高的水平，也为研究中国古代音乐史、舞蹈史、服装史、工艺史、风俗史提供了重要的形象资料。

黄筌、徐熙画花鸟

黄筌、徐熙的花鸟画不仅展现了优美的境界，而且使五代的花鸟画提高了水平并影响了后世。黄筌、徐熙有各自的生活道路和艺术追求，形成了不同的艺术风格和流派。

黄筌，字叔要，成都人，从少年到晚年身居前蜀、后蜀宫苑，饱览禁中名花奇卉、珍禽异兽，他的画迎合了宫廷贵族的爱好。他吸收诸家之长，形成自己的"翎毛骨气尚丰满"的工丽一体。宋《宣和画谱》著录黄筌作品多达 349 件，但流传至今的只有《写生珍禽》图卷这一课徒稿本和《芳溆春禽》册页。《芳溆春禽》册页尽管具有相当局促的画面空间，但由于构思巧妙，故能

徐熙（传）《玉堂富贵图》

乱世天下

五代《丹枫呦鹿图》

游刃有余，在丰满典丽的同时，空间开阔，疏密适当，富于动态美。首先，作者以两柳摇曳，俯视溪流为中心架构，春风轻拂柳枝，吹皱春水，点出早春的环境特征。其次，在这个环境里，分别将黄鹂、水鸭排位，再缀以桃花、野卉、小草。再次，发挥了细部的对比、呼应、衬托的作用，飞鸟与双鸭动静高下相应，两株柳树一直一斜，对比柳叶桃花红绿衬托，增强图画的多层性和丰富性，在表现技法上，只用淡墨轻轻勾勒轮廓，主要侧重于依照对象本身分别设色，颜色既对比鲜明，又和谐统一，组成了华丽绚烂的色彩，衬托出春意盎然的意趣，达到高度的艺术真实。另外，黄筌工笔画十分工细，先作淡墨而后作色彩渲染，并分许多层次，基本上盖住墨迹。图中间使用"没骨法"来画黄鹂、桃花，又略用皴法画古根坡脚。《宣和画谱》评

五代《秋林群鹿图》

他的画："如世称杜子美诗、韩退之文，无一字无来处。"把他的画与杜甫的诗、韩愈的散文齐名对待。

　　黄筌作为晚唐五代杰出的宫廷画师，以其独创的艺术技法将中国花鸟画创作推向了成熟期，他的画成为宋代院体画的仪范，《宣和画谱》说其画法是宋太祖、太宗时国画院的标准，具有很高的权威性，足以想见其对后世绘画艺术的巨大影响。

　　"黄家富贵，徐熙野逸"，在黄筌富丽风格之外，南唐还有一派以徐熙为代表的体现文人意趣的画风。徐熙，江宁人（一作钟陵人），出身江南名族，放达不羁，志节高迈，画中多为寒芦、野鸭、龟蟹、草虫、园蔬、药苗、四时折枝，多是江南所常见之物。他"落墨"以取骨格，先用墨定枝叶蕊萼，然后再用色彩涂傅，"故气格前就"、"气骨能全"（刘道醇评徐熙语）。

115

黄筌《写生珍禽图》。此图画各类飞禽、昆虫、龟等二十余种。形象准确生动，笔法工细，色调柔丽协调，可看出写生功力之深。构图无一定章法，鸟虫互不呼应，画左下方署小字一行"付子居宝习"，当为传子习画范本。黄筌，五代西蜀时任翰林诗待诏，权院事（皇家画院的主管人员）等职。善画山水、人物、龙水，尤以花鸟最为著名，画法精工富丽。又曾从刁光胤、孙位、李升学画，善于吸取诸家之长，自成一体，对北宋和以后的花鸟画有重大影响。其子黄居寀、黄居宝承继了家法。

他只是略施丹粉而已，但"神气迥出，别有生动之意"（《梦溪笔淡》）。徐熙花鸟画风格，从取材到用笔，乃至总体风貌，与黄筌工丽一体区别较明显。

五代花鸟画家开创了线条所表现的笔力和墨染所产生的色感，并以二者结合为花鸟画艺术造型的最高格调。徐黄二体在技法和审美意趣上代表了五代花鸟画风格，奠定了两宋以后的写意与工笔花鸟的基调。

宋辽金夏

960~970A.D.

宋辽金夏

960A.D. 宋太祖赵匡胤建隆元年　南汉大宝二年　辽应历十年　后蜀广政二十三年　北汉天会四年

正月，周殿前都点检赵匡胤称皇帝，国号宋，是为宋太祖；废周帝为郑王。

961A.D. 宋建隆二年　辽应历十一年　南汉大宝三年　后蜀广政二十四年　北汉天会五年

二月，南唐主李璟迁都南昌。六月，南唐主李璟死，子煜嗣，是为后主。

963A.D. 宋建隆四年　乾德元年　辽应历十三年　南汉大宝五年　后蜀广政二十六年　北汉天会七年

宋兵入湖南，俘周保权。

964A.D. 宋乾德二年　辽应历十四年　南汉大宝六年　后蜀广政二十七年　北汉天会八年

四月，宋置参知政事以副宰相。

九月，宋潘美取郴州。后蜀结北汉图宋，事泄。十一月，宋遣将攻后蜀，十二月，宋兵屡胜，入利州。

965A.D. 宋乾德三年　辽应历十五年　南汉大宝七年　后蜀广政二十八年　北汉天会九年

宋入成都，后蜀主孟昶降。后蜀亡。

968A.D. 宋乾德六年　开宝元年　辽应历十八年　南汉大宝十年　北汉天会十二年

七月，北汉睿宗刘钧死，养子继恩嗣。八月，宋遣将攻北汉。九月，北汉帝刘继恩为其下所杀，弟继元嗣，以宋兵入境，请救于辽。

969A.D. 宋开宝二年　辽应历十九年　景宗耶律贤保宁元年　南汉大宝十一年　北汉天会十三年

二月，宋帝亲攻北汉。

辽穆宗以酷虐为其下所杀，世宗第二子耶律贤立，是为辽景宗。

960A.D.

波兰约在此时第一个具有历史真实性之国王米斯西科一世即位。

962A.D.

日耳曼鄂图强迫教皇约翰十二世为之加冕为皇帝。"神圣罗马帝国"由此形成。意大利被合并于日耳曼。

963A.D.

神圣罗马帝国鄂图废黜教皇约翰十二世。李奥八世被选为教皇。

964A.D.

基辅大公斯维雅托斯拉夫亲政。为具有斯拉夫化名字之第一人。

陈桥兵变赵宋代周

建隆元年（960）正月，赵匡胤在陈桥驿发动兵变，夺取（后）周政权，建立了宋朝。

（后）周世宗病逝后，他年仅7岁的幼子宗训（即周恭帝）继位。由于皇帝年幼，无法管理政事，国家政局动荡不稳。

涿州（今河北涿县）人赵匡胤（927~976），从前多次跟从周世宗征伐，掌握了禁军统帅大权，怀有废帝自立的野心。

后周显德七年、建隆元年（960）正月初一，镇（今河北正定）、定（今河北定县）两州快马奏报（北）汉与契丹合兵来攻，宰相范质匆忙派赵匡胤率兵北上抵御。

正月初三，赵匡胤率大军出发。

北宋文臣之像，注重大体积表现而不拘细节，以及外部形象和精神状态相统一，突出文臣深谋远虑的特征，是以往文臣像所不及。

军校茵训制造舆论，说他看见太阳下面还有一个太阳。当天夜里，大军驻扎在陈桥驿（今河南开封市东北），将士们已有"不如先立点检为天子，然后再向北进军"的议论。

次日黎明，赵匡义和赵普带着各位将领径直去见赵匡胤，要拥戴他为天子，并把黄袍披到他的身上，扶赵匡胤上马，回师京城。

初五日，大军进入开封。太平军节度使、同平章事、侍卫马步军副都指挥使韩通从宫中逃出，准备抵抗而被杀。宰相范质、王溥迫于威势，以臣礼拜见赵匡胤。恭帝被迫禅位。

赵匡胤轻易夺取了（后）周政权，登上了帝位，史称宋太祖。他改国号为"宋"，改年号为"建隆"，仍建都于开封。

119

赵匡胤加强中央集权

赵匡胤夺取后周政权后，为了防止五代十国割据混乱局面的重演，采取了一系列措施，加强封建专制主义中央集权，建立起由皇帝直接控制的庞大军队和官僚机构。

宋太祖即位不久，解除了曾帮助他夺取政权的禁军高级将领石守信、王审琦、高怀德等人的兵权，提拔一些资历浅、易驾驭的年轻人充任禁军将领。接着取消禁军最高统帅殿前都点检、副都点检的职务，由殿前都指挥使司、侍卫马军都指挥使司、侍卫步军都指挥使司分别统领禁军，各不相属，总称三衙，各设都指挥使、副都指挥

宋太祖赵匡胤像

使和都虞侯，共计九员，作为三衙统兵官，并由文官主持的枢密院掌管军队的调动、招募、供给、训练、屯戍、拣选、迁补等军政，实行以文制武，目的是为了巩固和提高皇权。此外，宋太祖把一半禁军部署在京城附近，另一半屯驻外地，使内外相隔，互相制约。经常调换军队的将领，实行更戍法，定期换防，不致军队威胁皇权。

为了避免出现"君弱臣强"的尴尬局面，宋太祖着手削弱宰相的职权，在宰相之下设参知政事若干人，又置枢密使，分割宰相的军政大权，设三司使分取宰相的财权。为了彻底结束藩镇割据，他采纳赵普"稍夺其权，制其钱谷，收其精兵"的建议，取消节度使兼领数州的制度，从平定叛乱开始，每消灭一割据政权，规定所属各州都归中央直辖，然后逐步将节度使从地方调至开封担任无实权的闲官，由中央派文官任知州、知府，一般是三年一任，各州府还设置通判，监督、牵制州府长官。

宋太祖加强中央集权的措施，基本结束安史之乱以来200多年的藩镇割据局面，巩固了赵宋王朝统一的局面，为经济文化的高度发展创造了良好的

政治环境，因而具有进步意义，但是他用"分化事权"的办法控制大臣的专擅，不利于地方经济文化的多元化发展和抵御外侮，使后世造成了一系列弊政。

宋废除宰相坐议礼

建隆元年（960）二月，宋废除了宰相坐议之礼。

以往各朝，每逢国家大事，皇帝必召宰相等重臣坐在一起，共同商议。议毕，皇帝赐茶，臣子方可退下。唐及五代时期，仍沿此制。

宋太祖赵匡胤建立宋朝后，仍留用范质、王溥、魏仁浦等后周重臣，范质还当宰相。他们曾受周皇重用，这就容易受到猜忌；加之宋太祖明察秋毫，自己的一举一动都逃不过他的眼睛，稍有不慎，便会祸从天降。他们想尽量减少与太祖见面的机会，故联名上疏，奏请改变旧制，遇到有重要国事，不再由君臣坐在一起共同商讨，代之以奏札。宰相有事，可奏呈皇帝，皇帝批阅后，再给宰相下旨。

赵匡胤对此表示同意。于是，赐茶之礼被废，宰相不再坐议政事。

宋立算学

建隆元年（960），宋官方设算学博士，算学制度开始逐步完备。

宋朝统治者大兴土木，丈量田亩，对数学知识的渴求日益强烈。民间及官方数学教育日益兴盛，成果倍出。

宋代继承唐代李淳风等人奉敕注释《十部算经》。元丰七年（1084），秘书省刊印数学书，有如下9种：《周髀算经》、《九章算术》、《海岛算经》、《孙子算经》、《张邱建算经》、《五曹算经》、《五经算术》、《缉古算经》、《夏侯阳算经》。北宋末年战乱，这些书散失。南宋嘉定五年至六年（1212~1213），汀州（今福建长汀）鲍澣之重刻元丰七年刊本9种数学书，补入他于汀州七宝山三茅宁青观录得的《数术记遗》，这也就是后世所说的《算经十书》。这套书是对前代数学成果的集大成。

北宋崇宁三年（1104），算学得以全面恢复，招收学生的限额达210人，并颁发"崇宁国子监算学令"及"崇宁国子监算学格"等政令条例。据"崇宁国子监算学令"："诸学生习《九章》、《周髀》义，及算问（谓假设疑数）兼通《海岛》、《孙子》、《五曹》、《张邱建》、《夏侯阳算经》，并历算、三式、天文书。"由此看到，《缀术》、《缉古算经》及《议古根源》、《黄帝九章算法细草》并没有列入其中，可知当时数学教育仍有很大局限性。大观三年（1109），政府下令给有史以来70位著名历算家画像，供人瞻仰，并一一按其籍贯封爵，例如"周大夫商高郁夷公"、"汉……张衡西鄂伯"、"宋祖冲之范阳子"。表明政府对数学的重视，促使时人追求探索数理知识，推动数学教育发展。民间数学教育以杨辉《习算纲目》为代表，这是一部相当完整的数学教学大纲。宋代算学在我国数学发展史上占据了重要一页。

宋皇室崇佛

赵匡胤即位后，对佛教采取尊崇态度。

赵匡胤夺取后周天下后，一改周世宗的抑佛政策，大力支持佛教的发展。不过他看到唐代因无限制地扶持佛教而威胁皇帝的统治及世俗地主的经济利

《御制秘藏诠山水图》。绘高僧为来谒的僧俗讲经的情景，是中国最早的山水版画。

迦叶造像，显出这位佛门弟子少欲知足、老成持重的性格（陕西子长县石宫寺石窟内）。

益，便采取利用与限制相结合的手段。

赵匡胤即位当年，就立刻停止废毁寺院，一次度童行 8000 人，继而又派遣沙门 157 人赴印度求法，还派内史张从信往益州刻《大藏经》，开中国历史上刻藏的先河。

继位的宋太宗也崇尚佛教，一登基，就一次度童行 17 万。为了给后世留下崇佛行善的美名，他还效法唐太宗大开译场，延请中外名僧主持，译出大量经典。还亲自撰写《新译三藏圣教序》，刻于石碑，以期流芳千古。他还耗资亿万，历时八年，在开宝寺内建成一座 11 级、360 尺高的舍利塔，塔建成后，曾亲自上塔安放舍利，燃指，焚香于臂者无数。"可见崇佛之情，盛极一时。

史载："上雨涕，都人万众皆洒粒。

此后历朝皇帝都秉承太祖、太宗的佛教政策，使得佛门香火日盛，出家人日众。北宋时全国寺院达 4 万余所，僧尼 43 万。寺院经济规模相当庞大，不仅占有田产，还有空房出租、经营当铺、商店，收入颇丰，而且享受免税、免役特权。高层僧侣生活多很豪华。因而加剧了僧侣地主集团与世俗地区集团的矛盾，使到北宋末宋徽宗采取排佛政策。

宋皇室对佛教的推崇充分地表现于他们对佛经的翻译与刻印事业的重视上。宋太宗在太平兴国寺设立译经院，赐西域高僧法天、天息灾、施护等人"传教大师"等名号，入院主持译经。还有大

《维摩演教》，李公麟画。维摩是毗耶离（吠舍离）神通广大的大乘居士，深通大乘佛法。

批中国僧人参与翻译，担任证义、笔录、润文等职。从太宗到仁宗，54 年间共译梵本 1428 夹，译出经论 564 卷。随着雕版印刷技术的发展，宋代开始佛经印刷，宋 300 年间，官私刻藏 5 次，其中第一种就是由皇帝亲自派人主持的官刻《开宝藏》，费时 12 年（971~983），达 653 帙，6620 卷，这个印本是以后官私刻藏的共同标准。

宋皇室的崇佛政策，是理学心学援佛入儒，使儒学哲理化，进而得以广泛传播的一个重大原因，对于中国思想发展史有巨大影响。

宋修治漕运四渠

建隆二年（961）正月，宋廷调发几万丁夫修治四渠，以通漕运。

宋代的漕运四渠，指的是以东京开封府为中心向四周辐射的汴、蔡（惠民）、金水、广济（五丈）四河。

宋代定都开封后，南北转漕日见重要。于是宋廷决定改造疏浚前代原有水道，形成以开封为中心的水运系统。

汴河即隋唐时的通济渠，西起河阴县汴口（今河南荥阳东北刘沟村），引黄河水东流入开封，南至泗州（今安徽盱眙东北）入淮，漕运量最大，每年达 600 万石，是国家最重要的经济大动脉。

蔡河前身为鸿沟、狼荡渠，五代（后）周曾导汴入蔡。

广济河，一名五丈河，是唐、五代时在南济水故道基础上疏浚而成，引汴水向东，实现齐（今山东济南）、郓（今山东东平）间的漕运。

金水河，又名天源河，因其水清冽，

汴河上的州桥遗址，黄河决口被湮没在 7 米深的地下。

主要引入京师官苑饮用，不用来漕运。当时的人常将漕引陕西、河北等地物资的黄河与前列三河合称"漕运四河"。

宋初，朝廷曾派几万民工，将闵水从新郑（今河南新郑）引到寿春，与蔡水（后改为惠民河）会合，贯通京师，南经陈（今河南淮阳）、颍（今安徽阜阳），以通达淮右。京师的薪炭多通过此河漕运。不久，五丈河也被疏通，从都城经曹（今山东河泽南）等地，下接济水，这是宋都城向东的漕运河道，专供军粮和马料。这样，经过不断的改造和疏浚，以京师开封为中心的水运系统得以形成。

赵匡胤杯酒释兵权

建隆二年（961）七月，宋太祖赵匡胤宴请禁军宿将，以温和的方式解除了他们的兵权。

应邀参加这次宴会的，有高级将领石守信、高怀德、王审琦、张令铎、赵彦徽等。酒过三巡，太祖屏退左右，对他们说："我能有今天，多亏了诸位。但是做皇帝也不容易，还不如当个节度使自在逍遥。多少天来，我一直未敢高枕而臣人。"守信等人忙问其故，太祖说："这不难理解。谁不想高居皇位呢？"守信等人仍不明白，认为

宋太祖赵匡胤

国家早已安定，不会有谁敢生异心。太祖道："列位固无异志，但若部下有贪图富贵之人，有朝一日也强将黄袍加身，你们不想当皇帝也不行了。"石守信等人才如梦方醒，哭着请太祖指一条生路。太祖便委婉诱导他们交出兵权，出守藩镇，多买良田美宅，为子孙创下永久的家业。还可多养些歌儿舞女，每日饮酒取乐，以尽天年。这样，君臣之间互不猜疑，上下相安。

125

石守信等人大悟，第二天便上表假称有病，要求解除兵权。太祖欣然同意，罢免了他们的军职，任命石守信为天平节度使，高怀德为怀德节度使，王审琦为忠正节度使，张令铎为镇宁节度使。殿前都点检、副都点检一职此后也不再设。

这就是有名的"杯酒释兵权"。不久以后，太祖用同样的方法罢免了各藩镇的节度使。至此，禁军与藩镇的兵权都集中到了赵匡胤手里。

宋开始编编敕

建隆四年（963），宋开始编《编敕》。

编敕，是将皇帝在一定时期中，针对某些具体人、事所发布的制书、诏敕，选其中可长期适用者，经编辑加工，编纂成书。

建隆四年（963），窦仪在制定《刑统》时，将与刑名无关的敕令稽出，共106条，编为四卷，定名《新编敕》，与《刑统》一同颁行天下，后人称之为《建隆编敕》。从此以后，编敕成为宋代最频繁、最重要的立法活动。

宋代著名的编敕除了《建隆编敕》外，还有太宗时的《太平兴国编敕》15卷，《淳化编敕》30卷；真宗时的《咸平编敕》12卷，《大中祥符编敕》30卷。到仁宗时，编敕进入了一个新的阶段：一是设"详定编敕所"，使编敕工作有了专门机构，终止了大理寺兼掌编敕的局面。二是仁宗时的《天圣编敕》开始有刑名附入，出现了律外有律的现象。三是不仅朝廷编敕，而且"一司、一路、一州、一县又别有敕"。庆历八年（1048），编修《庆历编敕》时，除完成正敕二十卷外，又别成《总例》一卷，是将那些具有全局性、提纲挈领性的敕文增修五百条而编成的。后来，又修《一司敕》、《一路敕》、《一州、一县敕》。到此，编敕不仅成为最为广泛应用的法律形式，而且已经成为正式的刑事法律规范。

宋刑统颁布

建隆四年（963），《宋刑统》制定并颁行全国，这是有宋代最基本的法典。宋初的法律是继承唐朝、五代律令的。

建隆四年（963）二月，宋太祖命窦仪主持，苏晓、奚屿、张希让等参与重行详定《刑统》。同年七月完成奏上，太祖诏令刊刻颁行全国。这是宋代开国以来的第一部法典，也是中国历史上第一部朝廷镂板印制、发行全国的封建法典。

《宋刑统》全称为《重详定刑统》，共502条。律文十二篇，分为213门，以门统律。律条的正文之间，附有注文和问答。律文之后，附有敕、令、格、式、赦文等，上取唐开元二年（714），下至宋建隆三年（962）近250年间的敕、令、格、式，经过筛选、分类，附于相关律后，文首都加一"准"字，以示已奏经皇帝批准。参与立法的大臣们对一些具体的法律问题提出自己的处理意见，撰"起请"32条，列入相关令敕之后，用"臣等参详"冠于文首，以示区别，这里报请皇帝批准的"请示"，对于敕、令、格、式的"又似难晓者"，都加以注释，开头标以"释曰"二字，以示与律文注释的区别。

《宋刑统》为宋一代之大法，它的颁布，促进了国家的司法统一，改变了五代法制紊乱的局面。尤其是《宋刑统》在律文之后，纳入敕、令、格、式、赦文、起请条等，开创了中国古代刑律编纂的新体例，后世刑典律例令编的体裁都渊源于《宋刑统》。作为宋代基本法典的《宋刑统》，在中华法律文明发展史上占据重要地位。

宋国子监开学

建隆三年（962）六月，宋太祖命崔颂任国子监事，开始聚生徒讲学。

国子监是后周世宗柴荣即位的第二年（956）开始营建的。宋太祖赵匡胤即位后，也下诏命有司增葺祠宇，塑绘先圣、先贤、先儒之像，他还亲自撰写关于孔子、颜回两人的赞语，命令宰相、两制以下的官员分写其余人的赞语。太祖还两次临幸国子监。

国子监是中国封建社会的教育管理机构和最高学府。图为国子监辟雍外景。

宋代前期，国子监招收七品以上官员的子弟为学生，是全国的最高学府。但是，高级、中级官员的子弟在国子监里读书，往往只挂个名，而且也不经常去听讲。

到了庆历四年（1044），宋设太学以及州县学等，国子监成为管理全国学校的最高机构。凡太学、国子学、武学、律学、小学、州县学的有关事宜，都由国子监掌管。

宋行刺配

宋代的刑罚制度，仍沿袭唐代笞、杖、徒、流、死五种刑罚为基本刑制。宋太祖时，为了补充徒、流之刑，创制了"刺配法"。

"刺配"是对重罪犯先加脊杖，再在脸上刺字，然后发配边州服役的刑罚。这种刑罚包含有脊杖、刺字、发配三重惩处。宋太祖时实行刺配法，本来是对死刑的宽贷，但实际上，这种刑罚并不"宽厚"。据《文献通考·刑考七》说，刺面之法始创于晋天福年间。而宋代实行的刺配法比唐代加役流更重，唐代加役流是配流三千里，居役三年，再无任何附加刑；而宋刺配之法，是"既杖其脊，又配其人，而且刺其面，是一人之身，一事之犯而兼受三刑也"。太祖、太宗之后，刺配不再是死刑的宽贷，而是生刑的重处，并普遍使用起来。到南宋孝宗时，刺配人数已经超过10万。明代人丘濬曾认为宋江等人揭竿起义，其根源就是"刺配之徒所在"。因为刺配之人"虽欲自新，而面上之文已不可去，其亡去为盗，挺起为乱，又何怪哉？"刺配之人，因为脸部刺下的耻辱永远不能褪去，再世为人已经不可，所以才去为盗作乱。这便是"刺配"带来的反作用。

宋重禁盗

建隆三年（962），宋太祖更定窃盗律，开始对"贼盗"进行重刑。

宋王朝从建国始，"贼盗"问题就异常突出。为维持社会安定，统治者对贼盗实施重禁。

据《宋刑统·贼盗律》，宋代的贼盗罪包括谋反、叛逆、谋杀、劫囚、造畜蛊毒、造妖书妖言、强盗、窃盗、恐吓取财等各种犯罪。太祖于建隆三年（962），更定窃盗律，规定"赃满五贯文足陌，处死"。又对强盗持杖行劫，明确"但不伤人者，止计赃论"。但后来又承认显德时规定的"持杖行劫，不问有赃无赃，并处死"的敕条仍然有效。《宋刑统》所附敕条，普通比唐律加重了对"贼盗罪"的惩处。然而，严刑峻法并未能制止"贼盗"的发生，反而激起更大的反抗浪潮，为了摆脱困境，镇压"贼盗"，统治者更重其法。

宋仁宗在嘉祐七年（1062），颁发《窝藏重法》，将京师开封府及其所属诸县划为重法地，规定对在此区内窝藏贼盗者，都从重惩处。正法开封建时代采用特别立法形式镇压"贼盗"的先河。英宗于治平三年（1066）四月五日，颁诏将京畿定为重法地区，规定"获强劫罪"，"死者以分所当得家产给告人，本房骨肉送千里外州军编管"。治平四年，神宗明令肯定英宗所立的重法。这就一改唐以来的"从轻原则"。神宗熙宁四年（1071），立《盗贼重法》，不仅强调"重法之地"，而且更强调对"重法之人"的镇压。另方面扩大了重法地的范围。到哲宗时又进一步扩大重法地区域，重法之路已占全国二十四路中的十七路，《盗贼重法》在区域上已取代了《宋刑统》的"贼盗律"。此外，还加重了对知县、县尉、捕盗官等治安官吏的责任。

宋代统治者采取强制手段，实行重典治"盗贼"，而不是从衣食、政赋、教化等方面解决根源问题，只能是治表不治本，最终也难以解决"盗贼"问题。

宋设置茶叶专卖市

宋初，为了加强税赋管理，在淮南、东南、四川等地设立了管理茶场的机构，官府负责茶叶的产销专卖与课税。

乾德二年（964），开始专卖东南茶，次年又专卖河南茶，在蕲（今湖北蕲春南）、黄（今湖北黄冈）、舒（今安徽安庆）、庐（今安徽合肥）、寿（今安徽寿县）、光（今河南潢川）六州相继设立13处买卖茶场，称十三场。茶场中设置官吏，全国茶叶专卖和茶利收入由榷货务主

日本把宋代由日本僧人从浙江天目山寺院带回国的这种斗笠状黑釉茶具，视为国宝，并把此造型的碗统称天目盏。

掌。茶农专置户籍，称为园户，输茶折租；由官府规定园户岁额，岁额以外的余茶，必须全部按官价卖给官府，或与官府特许专卖的茶商交易，不得私卖。

专卖茶叶的办法，一是交引法，允许商人在京师纳钱或从西北沿边州郡入纳粮草，从优折价，发给文券，称作交引，凭引到淮南十三场和沿江榷货务那里领茶；二是贴射法，商人贴纳官买官卖每斤茶叶应得净利，给券为据，直接向园户买茶出售；三是茶引法，征收商人专卖税，发给茶引，凭引向园户买茶出售；四是茶马法，储备蜀茶，专用来给少数民族换取马匹。

北宋初期设立榷茶场，茶利收入对保证财政开支、军需和军马供应，起了重要作用。但是，嘉祐四年（1059），朝廷放松了茶禁，允许茶

宋煮茶画像砖

商与园户直接交易，这样，茶场相继废黜。北宋中后期，十三场早已名存实亡。

宋军平蜀

乾德三年（965），宋大将王全斌率军打败蜀主将王昭远并生擒之。不久，蜀主孟昶出降，蜀国遂灭亡。

此前，宋太祖曾多次谋划伐蜀。乾德元年（963）就派凤州（今陕西凤县东北）团练使张晖去详细了解后蜀的山川地理形势，准备制订进攻的计策。

乾德二年（964）十一月，太祖命忠武节度使王全斌等伐蜀。宋军到达荆湖地区，蜀相李昊主张与宋通好，但掌管军政机要的王昭远主张抗宋，并增置水军，屯兵峡路，同时劝蜀主派赵彦韬等将蜡丸帛书秘密送往北汉，约与北汉一起夹攻宋军。但赵彦韬到汴梁后将蜡书献给了宋太祖，使宋找到了攻蜀的借口。太祖遂命王全斌为四川行营都部署，王仁赡、曹彬为都监，率步兵、

骑兵共六万人，分道西进伐蜀。蜀主孟昶匆匆任命王昭远为都统，赵崇韬为都监，韩保正为招讨使，率兵抗宋。

十二月，王全斌等人攻克了万仞、燕子工砦，又乘胜攻取兴州（今陕西洛阳），生擒蜀将韩保正、李进，夺粮70万，迫使王昭远退保剑门（今四川剑门关）；与此同时，刘光义、曹彬攻取夔州（今四川奉节）。乾德三年（965）正月，王全斌等率精兵击败王昭远，夺取剑门，杀蜀兵一万多人，不久，王昭远也被俘获。宋军攻入成都，蜀后主孟昶投降。宋遂得蜀地。

宋初三大家奠基宋山水画

山水景物先是在人物画中用作配景的，大约在唐代逐渐形成独立的画种，《历代名画记》说："吴道子写蜀道山水，始创山水之体自为一家。"到了北宋，可谓名家辈出，风格多样，在题材、风格、技法上均有重大发展，形成了宋初三大家。元代汤垕认为"宋画山水超过唐世者，李成、董源、范宽三人而已"，

《茂林远岫图》，李成画。画法苍劲，笔墨厚重，属北宋力作。

谓此"三家照耀今古，为百代师法"。

李成被北宋人公认为宋朝最重要的山水画家。李成擅长画平远寒林，能够真实生动地表现开旷和深远，有很高的写实技巧。他善于发挥笔墨的表现性能，以爽利的笔法和微妙的墨色表现烟霭雾气中山川大地的灵秀和风雨阴晦的变化。他用墨淡而有层次，被誉为"惜墨如金"。

李成的绘画风格影响很大，形成了李成画派，北宋前期这个画派的主要画家有许道宁、李宗成、翟院深等，北宋中后期的郭熙、王诜等也是这个画派的成员。

董源擅长画山水，尤其是江南风光。

《读碑窠石图》，李成画。置境幽凄，气象萧瑟，描绘了荒芜日久的名胜。

他用干湿不同的墨线皴出峰峦坡岸，又以聚散变幻的墨点画草木杂树，这种"披麻皴"、"点子皴"交互使用、皴染结合的表现方法，成功地描绘出江南山川的神气。董源有《潇湘图》、《夏山图》、《夏景山口待渡图》、《笼袖骄民图轴》等画传世。

董源画派影响不是很大，除了他的学生僧巨然外，基本上没出现过什么名画家。

范宽画的山水特点是着重表现山的雄健坚实的实体感，视之如近在目前，伸手可扪。他善于用质朴有力的笔墨和浓重的墨彩真实地画出山雄峻硬棱的结构，对景造意，不取繁饰，写山真骨，自成一家，有极强的感染力，因此被誉为"与山传神"。范宽的画今天存有《雪景寒林图轴》、《雪山萧寺图轴》等，其中《溪山行旅图》是他的传世名作。

史载范宽的弟子和后学有黄怀玉、纪真、商训、宁涛、刘翼等人，但作品较少。

北宋初期的三大家开创了山水画的不同风格，代表了当时山水画的最高

水平，他们和他们的弟子及后学们的创作，差不多构成了宋代山水画的全部风貌。

李成山水画独成一派

李成（919~967），字咸熙，原籍长安（今陕西省西安市），为唐朝宗室之后，祖父李鼎曾任唐朝国子祭酒、苏州刺史。由于出身于上层家族，他从小就胸怀大志，博览群书，期望在政治上有所作为。

李成文艺修养较高，琴棋诗画，无一不工，尤其擅长山水画。他的山水画学习荆浩、关同，继承了荆浩、关同的北方山水画派的特点，并发展成新的风格。他喜好游历名山大川，受这一影响，所作的画"山林薮，平远险易，萦带曲折，断桥绝涧水石，风雨晦明烟云雪雾状，一皆吐胸中而写之笔下"。他充分运用绘画中笔墨的表现力，笔致爽利洒脱，墨色变化微妙，充分表现了烟霭霏雾中山川大地的灵秀。他善于用淡墨画寒林平野，层次分明，使观者有山水秀色可掬之感，墨法精微，被后世称为"惜墨如金"。

李成的画作真品，传世不多，只有《读碑窠石图》、《寒林平野图》、《晴峦萧寺图》、《茂林远岫图》等，其中《读碑窠石图》画的是荒野寒林之中，古树下有一古碑，有一骑骡老者正仰观碑文，旁有童仆相随。又有一种说法是说曹操和杨修在读碑。画中古木盘环曲折，树枝形似蟹爪，背景寒寂空旷，容易使观者联想起历史的兴衰变迁，连起历史沧桑之感。画中蟹爪状的树枝、卷云状的石头、萧瑟的气象及平远的背景，无不体现了李成画作的特点。碑侧有小楷题字"王晓人物、李成树石"，可知画中人物乃王晓所画。

李成的画在北宋影响极大，在很大程度上左右了北宋后期山水画的发展，主要继承人有许道宁、李宗成、翟院深、郭熙、王诜等等。

范宽画山水

范宽，一名中正，字中立，陕西华原（今耀县）人。生于五代末年，宋仁宗天圣（1023～1031）年间尚在。据说他性情宽厚，嗜酒，不拘世故，常往来于京师与洛阳之间。他的山水画，初学荆浩、李成，后来有所领悟，叹道："前人之法，未尝不近取诸物，吾与其师于人者，未若师诸物也；吾与其师诸物者，未若师诸心。"这是他的心得体会，也是中国山水创作的重要论点。于是他深入到终南山、太华山一带的深

《雪景寒林图》，范宽画。

山里去，坐卧其间，对自然山水进行细心观察体会，终于发展了荆浩的北方山水画派，并能独辟蹊径，形成浑厚壮观的山水画家。

范宽的作品，今存台北故宫博物院的《溪山行旅图》，是比较可靠的真迹。迎面矗立的雄壮浑厚的大山头，表现出大自然雄伟气势。山间飞瀑如练，直落千仞。山下空蒙一片，衬托出怪石箕踞的岗丘，丘上杂树丛生，树巅露出楼阁，山脚流水潺潺。山路上有一队驮马经过。整幅山水表现了对祖国河山壮丽的赞美。范宽喜作雪景寒林，在宣和御府所藏其58件作品中，有1/3

《雪山萧寺图》，范宽画。范宽画派的重要作品。

《溪山行旅图》，范宽画。

的作品是雪景寒林的。雪山形象，是他的创造。画山石，用雨点皴。山顶好作密林，水际作突兀大石，到晚年趋于枯老劲硬，画山多呈正面，折落有势，晚年用墨太多，土石不分。这些均是其山水画的艺术特点。

《雪山萧寺图》与《雪景寒林图》，亦传为范宽作品。前者山势雄厚，山头丛树雄劲如扫帚，倍见雪山深莽气象。后者布景更为致密，用笔雄强老硬，墨韵深厚，山石更具质感，亦显现了北方山川雪景的壮丽浩莽。

范宽的山水与李成相对，后者烟林清旷，气象萧疏，"近视如千里之远"；而范宽之笔雄健老硬，颇具质感，"远望不离坐外"，因而为"天下所重"。

范宽山水对后世影响很大，黄怀玉、纪真、商训、宁涛等人均师法范宽，但未能青出于蓝而胜于蓝。

宋太祖征北汉

开宝元年（968）七月，北汉主刘钧去世，养子刘继恩继位。太祖认为进兵时机已到，八月命令大军直趋北汉。

九月，北汉发生内讧，北汉主刘继恩被杀，其弟刘继元即位。这时，宋军已进入北汉境内，继元急忙向辽求援，同时派刘继业等率兵防守团柏谷（今山西太谷南），以马峰为监军。马峰在洞过河与宋将李继勋遭遇，宋军大胜，乘胜追击，来到太原城下。十一月，辽南院大王挞烈率兵马来援救北汉。宋将李继勋等人怕孤军深入，领兵南归。辽和北汉联军于是入侵宋境，大肆掳掠晋（今山西临汾）、绛（今山西新绛）两州，然后收兵。

开宝二年（969）二月，太祖赵匡胤命令曹彬、党进等人分别领兵先赴太原，接着下诏亲征。不久，李继勋等人夺取了团柏谷，将太原城团团围住。三月，太祖来到太原城下，下令筑长连城围攻太原，并接受陈承昭的建议，引汾河水灌太原城，并在城外造四寨。北汉大将刘继业出城攻打东、西两寨，大败而还。

四月，辽军分两路救援北汉，败于阳曲，五月败于嘉山。太原守军士气不振。闰五月，汾水灌入太原城，城中一片惊慌，北汉人急忙堵塞进水口。

宋军屯兵太原城下，久攻不克，损兵折将。时值暑雨连绵，士卒多患腹病。不久，辽又派强兵奔赴太原救援北汉，驻扎在太原西面，北汉更难以攻取。于是宋君臣商议班师回朝。

宋军撤回时，将一万多户北汉人迁到山东、河南。北汉也得到宋军遗弃的大量军储。

宋太祖平定南汉

北汉一时难以攻克，宋太祖将目标放在南汉。

开宝三年（970）八月，太祖让南唐后主李煜出面劝南汉主刘铽臣服于宋，刘铽却出言不逊。于是太祖决意伐南汉。九月，太祖下诏，任命潘美为贺州道行营兵马都部署，尹崇珂为副都部署，王继勋为行营马军都监，率大军平定南汉。

不久，宋军攻克了富州，直逼贺州。南汉朝野震惊。刘铽派龚澄枢前往贺州宣慰，但龚澄枢到贺州时，宋已大兵压境，他只能慌忙逃回。占领贺州后，宋军又连破昭、桂、连三州，兵逼韶州。韶州是广州的屏障，南汉都统李承渥率十万大军屯驻莲花峰下，列象为阵。潘美令弓箭手射象，象群反奔，李承渥大败。破了韶关，宋师又接连占领英、雄二州。

这时，南汉小朝廷已摇摇欲坠。刘铽见势不妙，准备船载金银、妃嫔逃入海中，但宦官与士兵先盗船逃走。刘铽欲走不得，只好奉表请降。潘美入据广州，俘获宗室、官吏 97 人，押送汴京。太祖封刘铽为恩赦侯。

秧歌出现

秧歌是一种综合性很强的艺术，由诗歌、音乐、舞蹈和戏剧表演综合而成，早在1000余年以前，它只是劳动时唱的小曲，到后来形成独立的民间歌舞演唱，最终才发展成小型戏曲，即宋代的秧歌。

秧歌根据表演形式的不同可分为两种类型：一类是在地面上徒步行走歌舞，称为地秧歌；另一类则是双脚踩在木跷上歌舞，称为踩高跷。表演人数

从几人到数十人不等，均扮成各种神话传说中的人物形象，手执扇子、手帕等道具。基本节拍是 1 步 1 拍，以 4 拍为 1 组，前 3 拍向前，后 1 拍退后，基本动作是挥臂跳跃，扭腰甩肩。整个秧歌舞蹈过程分开头、中间和结尾，其中开头和结尾是大场，由 1 至 2 名领舞率领众人跳集体舞，边舞边走出各种图案，如"门转子"、"二龙吐须"。中间则为小场，是两三个人的跳舞或是小型戏曲的表演。整个舞蹈进程一直都有音乐作背景。节拍以 2/4 拍为主，为的是配合秧歌的舞步，曲目有《满堂红》、《三点水》等等。

依流行地域不同，中国秧歌基本上可分为东北秧歌、河北秧歌、山东秧歌、山西秧歌等等。东北秧歌流行在东北地区，以演唱秧歌小曲为主，人数约为 2~5 人，舞蹈包括大鼓秧歌、小鼓秧歌和地秧歌，乐曲小调有《闹五更》、《茉莉花》等等。河北秧歌包括冀东秧歌、冀中秧歌和榆林秧歌，冀中秧歌主要是演唱秧歌剧，已由开始的歌曲发展到戏曲形式，伴奏乐器有鼓、锣、铙等，曲目有《借女孝》、《雀光瑞打柴》等等。冀东秧歌则以演唱小曲为主，领舞者扮演成梁山好汉武松或鲁智深，后面则跟随着《西游记》、《八仙过海》中各种人物形象，舞蹈图案有"马峰窝"、"编花寨"等，动作灵活，神态幽默、风趣。

秧歌在宋代的保存和曲折发展，为以后秧歌的发展和繁荣奠定了基础。

宋行募兵制

宋代承袭唐代兵役制度，不论是北宋的禁兵、厢兵，还是南宋的屯驻大军，大都采用招募的办法，实行以募兵为主，募兵与征兵相结合的兵役制度。

宋代募兵的对象是流民和饥民，逢灾荒之年招募流民、饥民为兵，这是宋代的一项传统国策。饥年招兵的目的是防患于未然，避免饥民铤而走险，同时又将反抗的因素转化为维护封建统治的因素，一箭双雕。宋代募兵有一定的体格标准，身高是招募时的主要依据。还要考核被募者的跳跑能力和视力。所募士兵要在脸部或手部等处刺字，所以招募士兵往往称为"招刺"。这一制度又叫"黥兵制"，始于唐末，盛行于五代，其目的是防止士兵逃亡。宋代承此陋习，反映了士兵地位的极端低贱，此制度直到元灭南宋后才废除。

139

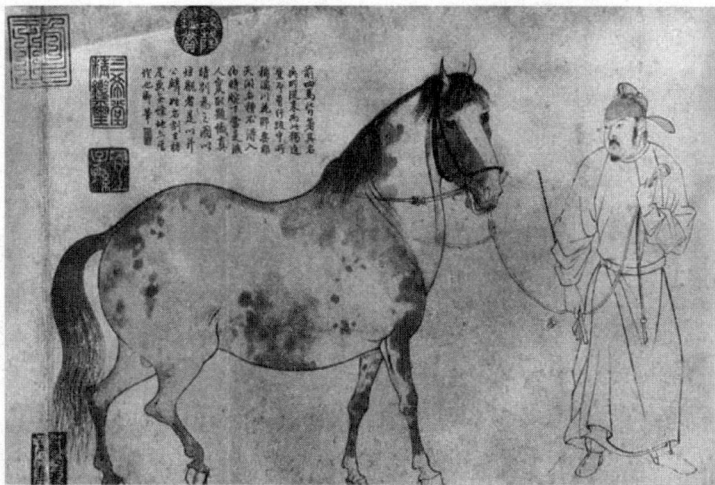

《五马图》，李公麟画。

在军情紧急、兵源枯竭的情况下，也实行强行征招，抓夫当兵的事例屡见不鲜，因此严格地说来，宋代的募兵制是不纯粹的。

募兵制的实行，一方面使军队更加专门化和职业化，有利于军队的训练、调遣和军队素质战斗力的提高；另一方面，使军事劳役赋税化，在相当大的程度上免除了农民的兵役负担，也部分地分担了农民的劳役负担，有利于农民维持正常的生活生产秩序。应该说，这是一种历史的进步。募兵制在宋代实行之初，也确实收到了良好的效果，但是随着历史的发展，这种制度的弊端也逐渐显露出来，主要有以下几个方面：一是战斗力不强。宋代在饥年所募士兵中，一些人素质低下，并且一旦应募为职业兵，便终身仰食官府，致使军中老弱士卒大量存在。另外，由于宋朝军政腐败，军队缺员情况十分严重。二是造成宋朝的财政危机。在募兵制下，一人当兵，就意味着全家享受朝廷军俸赡养。朝廷为了供养数目庞大而冗滥的常备军，每年财政收入的十之八九用来养兵，造成了旷日持久的财政危机，也加深了社会矛盾的激化。三是破坏了农业生产。宋代荒年招募饥民为兵，虽然稳定了社会秩序，但又使大批强壮劳动力脱离了生产第一线，影响了生产。

宋画院成立

　　北宋建国初期即宋太祖、宋太宗时期（960~997）创立图画院。宋代翰林图画院是为宫廷帝王服务的机构，它不同于为皇帝顾问性质的翰林院，而是隶属于内侍处，由宦官管理。地址开始设在宣祐门内东廊，太宗雍熙时则置于内东苑东门里，以便皇帝召使，与之平行的还有御书院、棋院、医官等局。画院的画家则有待诏、艺学、祇候、画学生等职。开始的时候没有定员，仁宗时以待诏三人、艺学六人、祇候四人、学生四十人为限度。宋代之初，南唐西蜀国灭后的画院成员都集中到北宋画院，王道真、高益、燕文贵、崔白、郭熙等代表了当时绘画坛的最高水平。

　　画院画家不同于工匠。他们享受比较好的待遇，到徽宗宣政年间并许佩鱼，可以调借宫中藏画临摹欣赏，因而有提高的机会。为了培养画院宫廷绘画人才，徽宗于崇宁三年（1104）还设立了画学隶属国子监，借此培养画家。画院还有考核制度，确立考试标准，以笔意简全，意高韵古为上，不推崇摹仿古人而重视创造力的培养。

《千里江山图》，王希孟画。

141

宋代画院画家的创作主要是为皇帝宫廷服务，他们大致的工作有：绘制刺建宫观壁画；装饰宫廷，还包括图绘高级官署屏风障壁等；表彰"贤臣"主要是图绘功臣的肖像；画各朝盛德之事以鉴戒教育臣僚后代；搜访鉴别名画；为皇帝代笔：皇帝的御画，有的是出自画院画师的代笔。比如赵信的许多作品就出自院人之手。

竹纸推广·纸品种大增

宋代，竹纸的出现和推广是造纸史上一块具有划时代意义的重要里程碑。

约在唐朝时期，开始出现最早的竹纸，但起初的竹纸质劣粗糙，生产的范围和应用的领域还很有限。到了宋代，书籍印刷和日常用纸数量大大增加。同时，宋代书画艺术的发展也对纸的质量和性能提出了更高要求。在这种情况下，竹纸作为一种新的品种，以其重量轻、质地好、原料来源广等优点，日益在社会上推广开来，生产经营者越来越多。北宋早期的竹纸，质量还比较差，质脆易裂，但到了北宋后期，竹纸制造业已具有了相当高的水平，当时的竹纸制造主要集中在气温较高、雨水较多、盛产竹子的江浙一带，人们用嫩竹做原料制造纸张，还用竹同其他原料混合生产出各种性质的混合纸。竹纸和以往的麻纸等相比，质地细腻，写字作画不滞笔墨，且不易褪色变质，利于保存，被广泛应用于各个方面，尤为当时的书画家所喜爱。北宋的苏轼、米芾等人均有关于竹纸情况的记述。从故宫博物院珍藏的大量宋代字画中可以看出当时的竹纸制造水平。

造纸原料由以前的麻和树皮发展到木材，这是造纸技术的一大飞跃。竹纸的出现，宣告了造纸技术新时代的到来。竹纸的应用和推广，使得纸这种文字载体的发展又向前跨进了一大步，大大便利了文化的交流和传播，对于人类文明的发展也起到了积极的推进作用。西方直到大约19世纪才有竹纸出现，这比中国晚了900多年。

宋代，纸的品种大增，出现了许多新品种。

宋人采用桑皮、麻等原料经过加工，制出品种各异的彩色纸，其中以黄色纸在社会上最受欢迎。宋人还将山水、果木、动物等图案雕刻在模子上，

在纸上矸制出不同的图案线条和造型，利用纸本身厚薄通过光线的差异以及对光线的不同程度的反射，显示出纸上的优美线条，以增加纸本身的艺术观赏价值，对于书写内容亦可达到较好的烘托渲染作用。这种纸被人们称为水纹纸。现存我国最早的水纹纸是五代、北宋间的纸品，水纹图案精巧。欧洲直到13世纪才在意大利出现水纹纸，图案为比较简单的十字架形状。另外宋人使用具有杀虫功能的蜀椒等植物果实的浸出液来处理纸张，将其涂在成纸上或直接把蜀椒浸出液兑到纸浆中造出成纸，这叫防蛀纸，有效地解决了虫蛀问题。

纸的新品种的出现，实际上是造纸技术领域的一次横向拓宽，是造纸业本身发展的必然结果，也是造纸业走向成熟和完备的一个重要标志。

行团发展

宋代，随着商业和交换的发展，市场进一步冲破了种种限制，与当时的经济发展水平相适应。由于都市商业的繁荣，市场的解放，以及集市贸易的进一步发展，宋代城镇工商业、服务业从业人员按行业的区别组成不同的行或团（或不称行、团，而称市、作）。例如：果子行、鱼行、药行、花团、柑子团、金银市、珍珠市、碾玉作等。

宋代货郎图

行团的组织形式在隋唐时期已经出现，宋代工商业和服务行业的发展使这时的行团组织数量明显多于前代。

143

　　行团依据商品种类划分场地，在同处营业，出售同类商品的工商业者或服务业从业人员就组织成为行团。行团的首领称行老，行团的成员称行户。

　　宋代行团有自己明显的特点：

　　一、宋代的行团存在于封建王朝政治统治中心的城市。城镇行团组织得到官方的认可、保护和支持，有些行团组织更是适应官府市场管理的需要，在官方的推动下建立起来的。

　　二、宋代行团组织内部没有严密的规章制度。行团组织对工商业者的生产活动与经营活动以及服务行业从业者都没有限制性规定。它对行户的生产和经营大致不加干预。在行团内部并不排斥自由竞争，行户之间可以实行技术保密。

　　三、宋代行团的职能是协调本行本业同官府的关系。官府依靠行团组织购买或是制造官府需求的物品。行团组织为官府提供合适的采办人员和技艺高超的工匠。

　　四、当行制度。行团的一个主要作用是分摊官府加给本行本业工商业者的赋役。宋代官府常通过行团组织摊派劳役，而行户担负这种通过行团组织分摊的劳役称为"当行"。这种当行制度常使行户受压榨和盘剥。宋神宗时王安石变法，废除当行制度，改纳代役税，即免行钱。这一措施使行团组织垄断某地本行业经营。南宋时恢复旧制，停征免行钱。

　　宋代官方重视利用行团组织为其服务，行团组织在实质上起到了进一步发展商品经济的作用。

宋辽金夏

971A.D. 宋开宝四年　辽保宁三年　南汉大宝十三年　北汉天会十五年
宋兵至广州，南汉主刘𬬮降，南汉亡。六月，宋初置市舶司于广州。

972A.D. 宋开宝五年　辽保宁四年　北汉天会十六年
闰二月，宋初行殿试。
九月，宋禁私藏天文、图谶、太乙、雷公、六壬、遁甲之书。

974A.D. 宋开宝七年　辽保宁六年　北汉广运元年
十月，宋修五代史成。

975A.D. 宋开宝八年　辽保宁七年　北汉广运二年
江南试进士，录三十人。
宋兵随下金陵，李煜降。

976A.D. 宋开宝九年　宋太宗赵炅太平兴国元年　辽保宁八年　北汉广运三年
二月，吴越国王钱俶朝于宋。
十月，宋太祖死，弟光义嗣，是为宋太宗，更名炅。
岳麓书院创建。

977A.D. 宋太平兴国二年　辽保宁九年　北汉广运四年
宋分西川为东西两路，各置转运使。

978A.D. 宋太平兴国三年　辽保宁十年　北汉广运五年
五月，钱俶献地于宋。吴越亡。

979A.D. 宋太平兴国四年　辽保宁十一年　乾亨元年　北汉广运六年
宋制新浑仪成。
二月，辽遣兵援北汉。宋帝亲督师，三月败契丹援北汉之兵。
五月，北汉主刘继元降。

980A.D. 宋太平兴国五年　辽乾亨二年
宋将杨业败辽于雁门。
十月，辽帝至南京督师侵宋，大败宋于瓦桥关；宋师继败辽于关南，辽帝退。

972A.D. 基乍（972~997）为匈牙利公，建立集权政府。匈牙利人逐渐皈依基督教。
975A.D.
花剌子模伟大学者阿尔·培罗尼生（973~1048）。
阿拉伯数字传入欧洲。
976A.D.
伽色尼王苏布克提金即位。伽色尼王朝之勃兴为突厥人在伊斯兰统治范围内勃兴之始。

铜版印刷出现

　　我国四大发明之一的印刷术就出现于宋代。在宋代，古代印刷技术达到很高程度，成为印刷技术发展的一个重要阶段，不但雕版印刷达到鼎盛时期，而且也发明了铜版印刷。

　　宋代铜版印刷主要用以铜铸成的铜活字进行排版印刷，其工序同泥活字印刷基本相同，只是铜活字比泥活字造价高，未能如泥活字那样广为流传。铜版印刷在宋代主要印刷一些商品广告、纸币等。用铜版印刷的商品广告，如北宋时期所印的、流传下来的有中国历史博物馆所藏的"济南刘家功夫针铺"铜板。其最上部刻"济南刘家功夫针铺"8字，上半部正中刻玉兔捣药图像，左右两边分刻"认门前白，兔儿为记"8字，下半部刻有"收买上等铜条"等28字。另有南宋用铜版印制纸币"会子"，上海市博物馆今收藏有会子铜板，版式长方形，上部右边为金额，左边为料号，当中为赏格文"敕伪造会子犯人处斩。当钱壹仟贯"等字，赏格下文是"行在会子库"5字，再下为花纹图

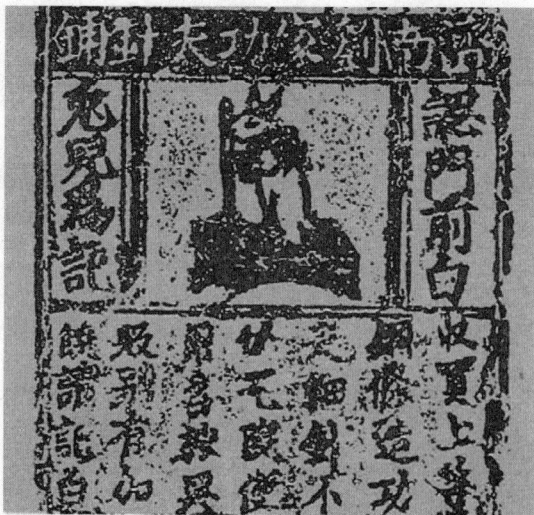

宋代济南刘家功夫针铺广告版，是已知世界最早的商标实物。

宋代版画《御制秘藏诠山水图》（部分）

案。南宋时还有用铜版印刷会子的文献记载，《文献通考·钱币考二》就有南宋 1176 年皇帝下诏令都茶场会子库将第四界铜版继续印会子的记载。

铜版印刷的发明，从一个侧面反映了宋代印刷技术的发展，也是我国印刷术走在世界前列的一个实证之一。

四大刻书中心形成

宋代出版业十分兴盛，刻书业遍布全国，其中最发达的是四川成都和眉山地区、北宋首都开封、浙江杭州和福建建阳、麻沙地区，这些地方成为宋代四大刻书中心，并出现了蜀刻、浙刻、闽刻等不同刻书风格，带动着全国刻书业的蓬勃发展。

北宋初年，成都一带刻书业即蜀刻最盛。四川是雕版印技术的发祥地，成都作为宋初雕印刷大藏经的基地而驰名全国，成为著名的刻书中心和刻印技术集散地，培养了大批技术工人，积蓄了丰富的印刷经验。南宋年间，蜀刻中心向眉山转移，四川转运使井度主持刻印了宋、齐、梁、陈、魏、北齐、北周七朝史书，此即著名的蜀刻大字本"眉山七史"。眉山地区还刻有《周礼》、《春秋》、《礼证》、《史记》等书。蜀刻本校勘精当，字体遒劲方正，行款疏朗，版式舒展，为宋代刻本中的精品，历来为版本学界所看重。

北宋首都开封，政府掌管校刻图书的机构国子监就设在这里，不少著名监版书在开封刻印，极大地促进了开封刻书业，也带动了这一带坊刻、私刻的发展。开封生产的监本书以校刻精湛而闻名。宋朝南渡后，开封的刻印力量一部分随政府南迁，一部分被金迁到了山西平阳，在北方形成了金代的刻书中心。

杭州为浙刻的中心，早在唐末就有刻书基础，且盛产造纸原料，具有较发达的经济和优良的文化背景，北宋国子监中有不少书就在杭州镂版。宋室南迁后，中国文化中心南移，进一步促进了浙刻的繁荣。浙刻本刻工技术娴熟、纸墨工料上乘而刻印精美，是宋版书中的佳品。

福建刻书业即闽刻集中于建阳、麻沙一带，其刻本称为建本，麻沙镇刻本则称为"麻沙本"。四大刻书中心中，闽刻后来居上，刻印量最大，甚至出现了全村以刊印书籍为业的村落，即"书坊村"。闽刻以刻印速度快和发行量大而闻名，故有"福建本几遍天下"之说。但其质量优劣参半，麻沙本甚至成了劣本书的同义词。但建本中也有一些传世精品，如余仁仲万卷堂《周礼》和泉州州学刻本《禹贡论》，可为闽刻代表。

重铸正定铜像

开宝四年（971），太祖赵匡胤为恢复佛教昔日的地位，大力提倡佛教，命重铸河北省正定县隆兴寺（宋称龙兴寺）的大悲菩萨铜像，重建大悲阁。

龙兴寺原建于隋开皇年间（581~600），原大悲寺，内有铜佛像，毁于契丹战火和后周世宗毁以铸钱。赵匡胤登基后，为宣传佛法，安抚民众，不惜人力财力重铸铜佛，成为中国古代遗留下来的最高大的金铜佛像。

正定铜佛的重铸，规模宏大。铸造时，首先掘

千手千眼观音菩萨立像

大悲阁佛座，宋代原物。刻有伎乐、飞天、盘龙及装饰图案，反映了宋代工艺水平及装饰艺术风格。

地基"至于黄泉",用礓砾、土石、石炭和土分层打结。座底深6尺,长40尺,宽40尺,内栽七根熟铁柱,每根又由七条铁笋合就,上面用铁条固定,座底浇铸生铁。佛像自下而上分七段铸接而成,"第一度先铸莲花台座,第二度铸至脚膝,第三度至脐轮,第四度至胸臆,第五度至腋以下,第六度至肩膊,第七度至头顶"。中空泥芯与外范用铁条连接固定,铜像表面涂漆,脸和一些部位贴金。这样,一尊千手千眼佛像便铸造成功。

这尊42臂铜观世音像,亦称千手千眼像,重约76吨,像通高22米,全身装金,像体比例匀称,立于莲台之上,是国内现存最大金铜佛像。佛台以汉白玉砌筑而成,像下又石造须弥座,高2.2米。坛侧雕有伎乐、力士等人物,形象各异,衣纹流畅。铜佛42臂,除胸前两主臂当胸合掌外,其余40臂分铸装接,作辐射状向四周伸屈,持日、月、净瓶、宝镜、金刚杵等物,每手臂掌心和指心各雕有一眼,充分展现观世音菩萨观照世间,普度众生的法力。像成前后,太祖赵匡胤曾三度临幸视察。由于帝王的大力提倡,宋代信仰以正定为代表的千手千眼观世音菩萨蔚为一时风尚。只可惜,正定佛像的40只手臂在清末已被人锯掉,现存的是在民国三十三年重建大悲阁时补安的木臂。

正定铜佛的重铸,无论从规模或工艺上都体现了宋代铸造佛像的高超技术,也体现了宋代民间普遍信仰观世音菩萨的盛况,反映了由唐迄宋信仰风气的转变。

汉文大藏经开始成集

佛教传入中国后,其经典经过历代的翻译、流通,数量日益增多,逐渐被汇集编纂成"藏"。

从南北朝起至木板雕印术发明以前,佛教经典主要以抄本形式流传。五代、宋初,雕版事业兴起,始有佛经木刻本。

《开宝藏》始刻于北宋开宝四年(971),由高品、张从信两人在益州(今四川成都)雕印,太平兴国八年(983)完成雕版13万块。以《开元释教录》入藏经目为底本,共480帙,千字文编次天字至英字,5048卷,卷轴式,每版23行,每行14字,版首刻经题、版数、帙号等,卷末有雕造年月干支题记。首刻全藏印本曾于北宋雍熙元年（984）由日本沙门奝然传入日本。此后，还经过三次比较重要的校勘修订和不断增入宋代新译及《贞元释教录》入藏的典籍，形成三个不同的版本：一是咸平修订本。二是天禧修订本。三是熙宁修订本。熙宁以后，陆续有新译本增入，到北宋

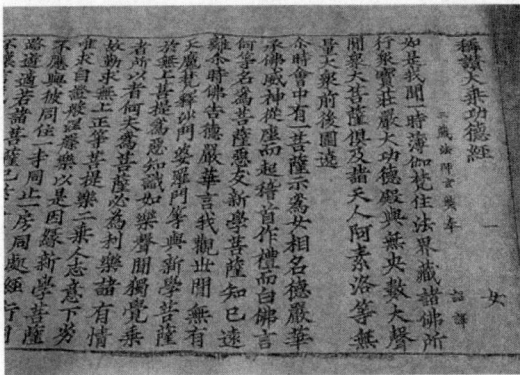

辽代雕版印刷的大藏经《契丹藏》

末年，已积累到 653 帙，6628 余卷，增入 173 帙，1580 余卷。《开宝藏》以书法端丽严谨，雕刻精良著称。

《契丹藏》又名辽藏。约在辽兴宗（1031~1054）时开雕。它在《开宝藏》天禧修订本的基础上增收了《华严经随品赞》等一些当时流传于北方的特有经论译本，先后历时 30 余年刻成。这部藏经共 579 帙。千字文编次天字到灭字。

《崇宁藏》，即福州东禅院本大藏经。始刻于北宋元丰三年（1080），至崇宁三年（1104）竣工。全藏 580 函，1440 部，6108 卷，千字文编次由天字起至虢字止。首次采用摺装式装帧。版式为每版 30 行，折为 5 个半页，每半页 6 行，每行 17 字。此后的《毗卢藏》等大藏经都按此版式不变。

《毗卢藏》，福州开元寺本大藏经。北宋政和二年（1112）开雕，至南宋绍兴二十一年（1151）竣工。全藏 595 函，1451 部，6132 卷，千字文编次天字至颇字。

《圆觉藏》，湖州思溪圆觉禅院大藏经。约在北宋末年开雕，南宋绍兴二年基本刻完。全藏 548 函，千字文编次天字至合字，共 1435 部，5480 卷。经版后在南宋淳祐以后移藏于资福禅寺。

《资福藏》，安吉州思溪法宝资福禅寺大藏经。开雕年月不详，南宋淳熙二年（1175）竣工。全藏 599 函，1459 部，5940 卷，千字文编次天字至最字，较《圆觉藏》增多 51 函。

《赵城藏》，该藏系金代民间劝募，在山西解州（治所在今山西运城西南）天守寺刻成，又名《赵城金藏》。约在金皇统九年（1149）以前，于天宁寺

组成"开雕大藏经版会"负责刻造，金大定十三年（1173）完工。

《赵城藏》，的原刻版式除千字文编次略有更动外，基本上是《开宝藏》的复刻本，卷轴式装帖，每版23行，每行14字。它保存了数千卷《开宝藏》蜀本的原貌，在版本、校勘方面都具有较高的价值。

《碛砂藏》，平江府碛砂延圣院大藏经。约在南宋宝庆至绍定年间开雕，端平元年（1234）编定并刻出天字至合字548函的目录。宝祐六年（1258）以后，因延圣院火灾及南宋垂亡，刻事曾中断30年。元大德元年（1297），由松江府继续雕刻，到至治二年（1322）竣工。全藏编次从天字至烦字共591函，1532部，6362卷。